年金暮らしでも月3万円らくに浮く！節約・節税

マネー相談のプロが教える最高の家計プランQ&A大全

文響社

巻頭マンガ

年金暮らしの赤字家計も節約・節税で黒字に転じ、健康で楽しい老後が実現！

森安フミ（隣の奥さん・70歳）

無駄な出費は探せばすぐに見つかる

65歳以上の夫婦のみ無職世帯の月平均支出

約24万円

食費　約6万8,000円
光熱・水道費　約2万3,500円
保険・医療費　約1万6,000円
通信・交通・車維持費　約2万9,000円
家具・家事用品代　約1万500円
教養・娯楽費　約2万1,500円
住居費　約1万6,000円
衣服・履物代　約5,000円
交際費　約2万3,000円
その他消費支出　約2万7,500円

※総務省統計局『家計調査年報（2022年）』より（一部改変）

食費をはじめ電気代やガス代・水道代日用品・衣服費医療費・通信費などのあらゆる支出を見直してみるといい

※本書のマンガはフィクションであり、実在する人物とは一切関係ありません。

「節約・節税」ビフォーアフター

ビフォー（Before）——節約・節税を行う前

▼支出額は、総務省「家計調査年報（65歳以上無職世帯）2022年」を基に算出

巻頭図解 ひと目でわかる! 年金暮らし世帯の

生活費（月々）21万円＝3万円

アフター（After）——節約・節税を行った後

達成できたら新たな目標を！

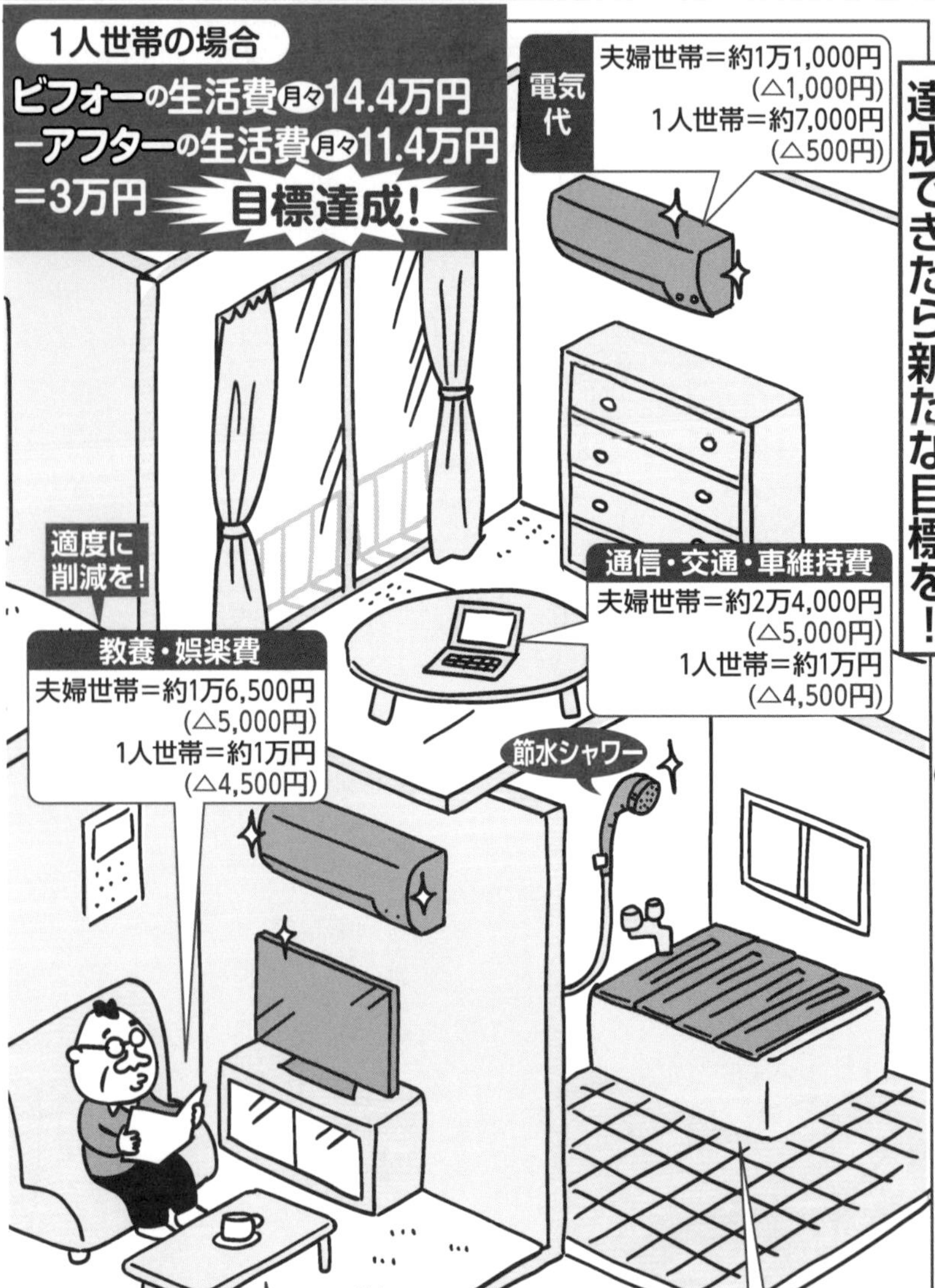

1人世帯の場合

ビフォーの生活費（月々）14.4万円
－アフターの生活費（月々）11.4万円
＝3万円 目標達成！

電気代
夫婦世帯＝約1万1,000円
（△1,000円）
1人世帯＝約7,000円
（△500円）

通信・交通・車維持費
夫婦世帯＝約2万4,000円
（△5,000円）
1人世帯＝約1万円
（△4,500円）

適度に削減を！

教養・娯楽費
夫婦世帯＝約1万6,500円
（△5,000円）
1人世帯＝約1万円
（△4,500円）

節水シャワー

家具・家事用品代
夫婦世帯＝約9,000円
（△1,500円）
1人世帯＝約5,000円
（△1,000円）

水道代
夫婦世帯＝5,000円
（△500円）
1人世帯＝3,500円
（△500円）

▼生活費や目標額は人それぞれ。無理のない範囲で節約・節税を心がけよう！

巻頭図解 夫婦世帯の場合 ビフォーの生活費月々24万円ーアフターの

交際費
夫婦世帯＝約2万1,000円(△2,000円)
1人世帯＝約1万4,000円(△4,000円)

住居費
夫婦世帯＝約1万2,000円(△4,000円)
1人世帯＝約1万円(△3,000円)

衣服・履物代
夫婦世帯＝約4,000円
(△1,000円)
1人世帯＝約2,500円
(△700円)

自動車税・維持費➡減

LED

食費
夫婦世帯＝約6万4,000円(△4,000円)
1人世帯＝約3万円(△8,000円)

○△スーパー

その他の消費支出
夫婦世帯＝約2万3,000円(△4,500円)
1人世帯＝約1万500円(△2,200円)

確定申告により
所得税➡減

くすり

保険・医療費
夫婦世帯＝約1万5,000円
(△1,000円)
1人世帯＝約7,500円
(△600円)

ガス代
夫婦世帯＝約5,500円
(△500円)
1人世帯＝約4,000円
(△500円)

書き込み

家計支出チェック表

◆下の表に毎月かかった生活費を記入しましょう。（1年分の記入が可能）
◆前年同月の生活費も記入すれば、いくら節約できたかチェックできます。

チェックする月を記入！

月	月	月	月	月	月	月
円	円	円	円	円	円	円
円	円	円	円	円	円	円
円	円	円	円	円	円	円
円	円	円	円	円	円	円
円	円	円	円	円	円	円
円	円	円	円	円	円	円
円	円	円	円	円	円	円
円	円	円	円	円	円	円
円	円	円	円	円	円	円
円	円	円	円	円	円	円
円	円	円	円	円	円	円
円	円	円	円	円	円	円
円	円	円	円	円	円	円
円	円	円	円	円	円	円
円	円	円	円	円	円	円
円	円	円	円	円	円	円

どちらかを○で囲む

プラス・マイナス	プラス・マイナス	プラス・マイナス	プラス・マイナス	プラス・マイナス	プラス・マイナス	プラス・マイナス
円	円	円	円	円	円	円

巻頭シート

生活費がいくら節約できたかわかる!

チェックする月を記入!

支出項目	年対比	月	月	月	月	月
電気代	前年Ⓐ	円	円	円	円	円
	今年Ⓑ	円	円	円	円	円
ガス代	前年Ⓐ	円	円	円	円	円
	今年Ⓑ	円	円	円	円	円
水道代	前年Ⓐ	円	円	円	円	円
	今年Ⓑ	円	円	円	円	円
食費	前年Ⓐ	円	円	円	円	円
	今年Ⓑ	円	円	円	円	円
医療費	前年Ⓐ	円	円	円	円	円
	今年Ⓑ	円	円	円	円	円
衣服・日用品・美容・レジャー費	前年Ⓐ	円	円	円	円	円
	今年Ⓑ	円	円	円	円	円
住居費・保険料・通信費	前年Ⓐ	円	円	円	円	円
	今年Ⓑ	円	円	円	円	円
その他	前年Ⓐ	円	円	円	円	円
	今年Ⓑ	円	円	円	円	円

どちらかを○で囲む

対前年比(Ⓐ－Ⓑ)節約できた金額は?	プラス・マイナス 円	プラス・マイナス 円	プラス・マイナス 円	プラス・マイナス 円	プラス・マイナス 円

目次

第2章 高騰する電気代の節約についての疑問22

第4章 買い物・食費・衣服費の節約についての疑問17

第5章　医療費・薬代・介護費の節約についての疑問9

第6章 マイカー・趣味・レジャー費などの節約についての疑問11 …… 111

第7章 削ると効果大！住居費・保険料の節約についての疑問12 …… 125

第8章 通信費・受信料・新聞代の節約についての疑問12……137

第9章 老後の重い税負担が軽くなる節税についての疑問12

第10章　暮らしが楽になる働き方・税金・資産運用についての疑問10

第1章

年金暮らし世帯の節約・年金・節税についての疑問11

▶Q1～11◀

回答者

佐藤正明税理士・社会保険労務士事務所所長
税理士 社会保険労務士 CFP 日本福祉大学非常勤講師
佐藤正明（さとうまさあき）

物価上昇分の支出は年金ではカバーし切れず、生活防衛には節約・節税が急務！

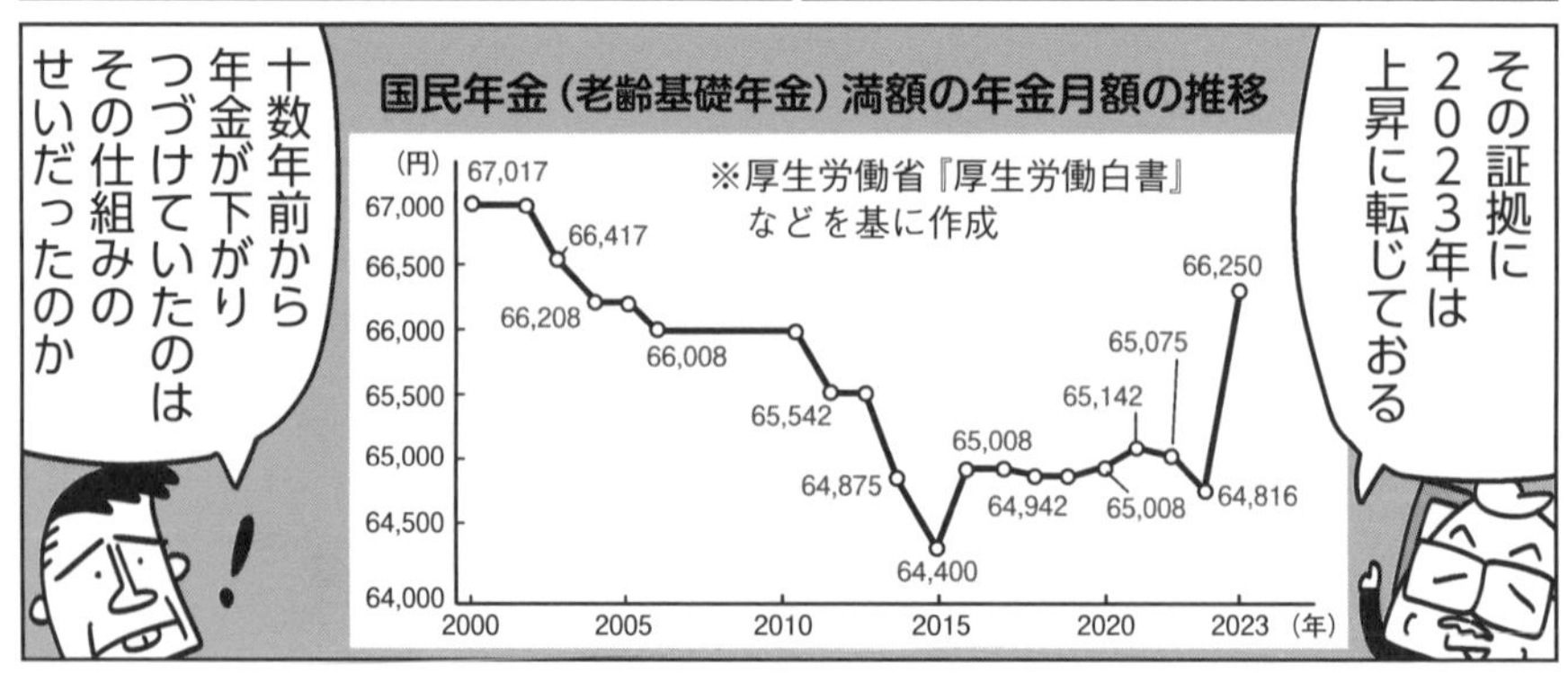

ここで問題じゃ年金暮らし夫婦の平均的な月間収支は黒字かな？赤字かな？
きっと赤字よね…
正解！
総務省統計局の調べによると65歳以上の平均的世帯の年金収入は月約22万円消費支出は月約24万円で毎月約2万円の赤字とされておる
ウチとだいたい同じだな
毎月約2万円ずつ預金を取り崩しているわ
1年で24万円…
10年で240万円……
どうしたらいいのかしら？
通帳
節約が肝心じゃ月2万円の赤字なら月3万円支出を削れば1万円の黒字になる
赤字
黒字
消費支出が月24万円の平均的世帯なら月3万円の節約は十分に可能じゃ
節税も必要じゃ年金暮らし世帯でも確定申告をすれば税金が還付されるケースが多い
よーし
わかった節約・節税に取り組むわ
まずはあなたのお小遣いね
逆スライド！

物価高騰で家計のやり繰りが大変です。物価が上がっているのはなぜですか？

A 昨今の物価高は、原油の値上がりによる流通コスト上昇と急激に進んだ円安が主な原因。

2021年夏ごろから世界的な経済活動は需要に供給が追いつかない状況になり、各国でインフレが進みました。さらに2022年2月、ロシアのウクライナ侵攻によりロシア産の石油や天然ガス、ウクライナ産の小麦の輸出が滞り、光熱費や食品を中心に物価が上昇しました。そして**2023年10月にはパレスチナとイスラエルの間に紛争が勃発**（ぼっぱつ）**。中東情勢の緊迫化が原油価格の高騰を招き、世界経済への影響が懸念**されています。

一方、**日本国内では一時期、1米ドル150円台まで円安が進んで輸入品の価格が軒並み上昇しました。輸出産業や、インバウンド需要が増えた観光業は恩恵を受けたものの、2023年には3万品目を超える食料品などの値上げが消費者の家計を直撃**しました。

記録的な値上げラッシュはピークアウトしたと見られますが、総合経済対策（電気・ガス・ガソリン代の価格抑制策）や為替、輸送コスト、人件費などの動向により、消費者物価は再び上昇に転じるかもしれません。

値上げ品目（食品）の推移と値上げ率

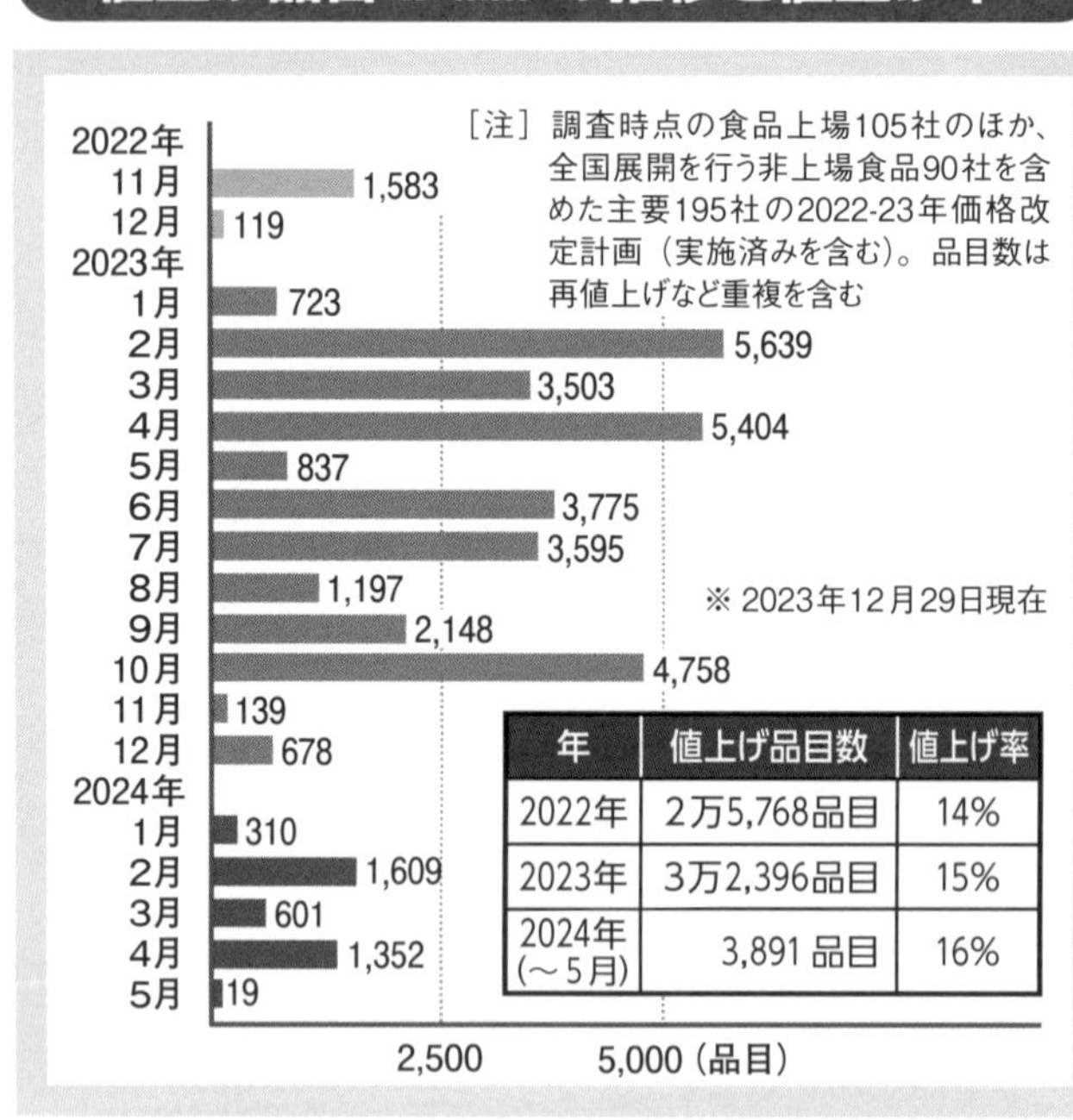

年	値上げ品目数	値上げ率
2022年	2万5,768品目	14%
2023年	3万2,396品目	15%
2024年（～5月）	3,891 品目	16%

※出典：帝国データバンク「食品主要195社価格改定動向調査」

Q2 物価上昇に伴いサラリーマンの給料が上がると、年金は増えるのですか？

A 年金額は物価・賃金スライドというルールで改訂され原則、物価が上がれば年金も増える。

国民年金・厚生年金の年金額は、賃金と物価の変動率に応じた**「物価・賃金スライド」**によって毎年改定されます。年齢によって異なり、67歳以下（新規裁定者）は賃金の変動に、68歳以上（既裁定者）は物価変動率と賃金変動率のどちらか低いほうに対応して改定されます。

また、**2004年の年金改正で導入された「マクロ経済スライド」により、2024年度の年金額は賃金変動率3・1%**（物価変動率は3・2%）**の本来の伸び率よりも0・4%抑制され、2・7%**（新規裁定者も既裁定者とも同じ）**のプラスとなりました。**

マクロ経済スライドとは、現役世代の負担が重くならないように、賃金や物価の変動に加え、現役世代の被保険者数・平均余命などを踏まえて年金額が抑制される仕組みで、賃金や物価が上昇した場合に適用されます。ただし、賃金や物価の伸びが小さく、マクロ経済スライドを適用すると年金額が下がってしまう場合は、年金額の改定は行われません。賃金や物価の伸びがマイナスの場合には、マクロ経済スライドは適用されず、物価や賃金のみの下落分に応じて年金額を引き下げます。

年金額決定の仕組み

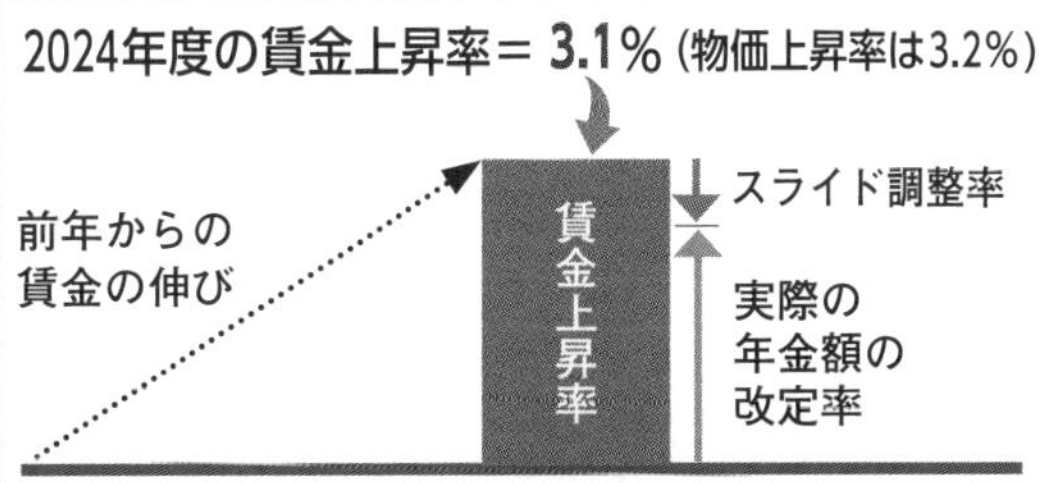

2024年度の賃金上昇率＝3.1%（物価上昇率は3.2%）

※スライド調整＝公的年金全体の被保護者の減少率＋平均余命の伸びを勘案した一定率（0.3%）

2024年度の年金額
＝3.1%－マクロ経済スライド0.4%
＝＋2.7%

2024年の賃金上昇率は3.1%だったが、マクロ経済スライドの適用で0.4%抑制されたため、2024年度の年金額は「＋2.7%」となる。

Q3 年金暮らし世帯の生活費はどのくらいですか？年金だけで足りますか？

A 生活費の平均は単身世帯で月15万円、夫婦世帯で27万円。通常、年金だけでは不足する。

総務省の「家計調査年報（家計収支編）2022年」によると、**夫婦高齢者無職世帯（65歳以上の夫婦のみ）の実収入は24万6237円（可処分所得21万4426円）で、消費支出は23万6696円**となっています（下の図参照）。また、**高齢単身無職世帯（65歳以上の単身者）の実収入は13万4915円（可処分所得12万2559円）で、消費支出は14万3139円**です。

可処分所得とは、実収入から直接税（所得税・住民税など）、社会保険料（健康保険料など）を差し引いた自由に使える所得のこと。消費支出とはいわゆる生活費で、内訳を見ると食費、通信・交通費、光熱費・水道代、教養・娯楽費などが上位を占めています。

老後30年間で約800万円不足する

高齢者世帯では、実収入の約9割を年金などの社会保

年金暮らし世帯の平均的な生活費

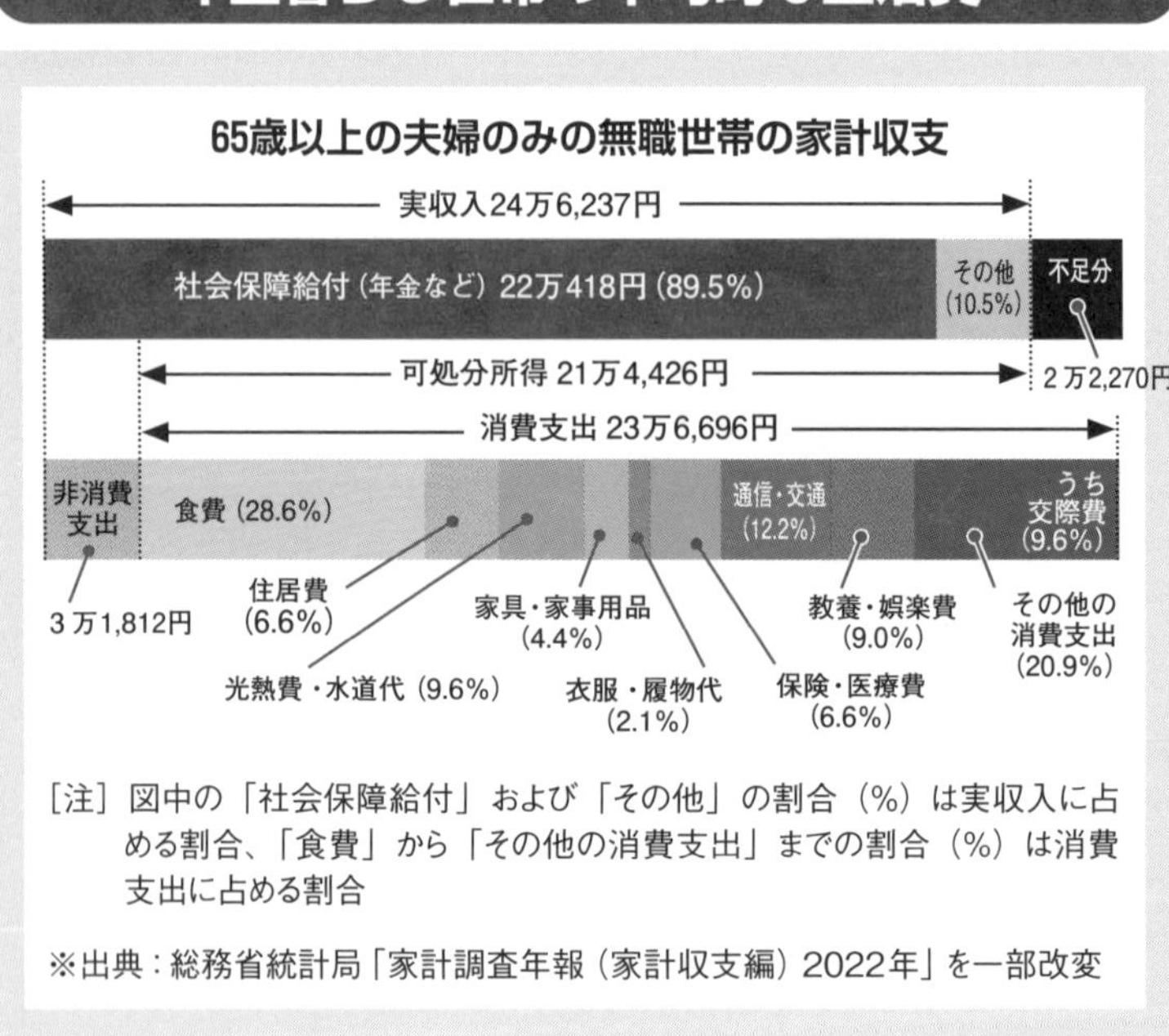

［注］図中の「社会保障給付」および「その他」の割合（%）は実収入に占める割合、「食費」から「その他の消費支出」までの割合（%）は消費支出に占める割合

※出典：総務省統計局「家計調査年報（家計収支編）2022年」を一部改変

障給付が占めています。

２０２４年度の年金額は、夫婦世帯（40年間勤務した夫の老齢厚生年金と夫婦2人分の老齢基礎年金のモデル年金）で月額23万４８３円。また、自営業者などが受給する老齢基礎年金は満額（40年加入）で月額６万８０００円（68歳以上は6万7８０８円）です。

総務省の家計調査では、**年金以外の収入を合わせても夫婦世帯で2万2270円、単身世帯で2万580円が毎月不足することになり、とても年金だけでは足りません。夫婦世帯の場合、老後30年間で800万円ほど不足することになります。**

金融庁が２０１９年に「老後30年間で２０００万円不足する」という試算を発表して物議をかもしましたが、この試算の基となった、当時の総務省の家計調査では、夫婦世帯で月額約5万４０００円不足し、老後30年間で約１９４４万円不足するという結果でした。つまり、２０２２年調査の不足額８００万円と約１１５０万円もの差があるのです。このように調査を行う時期などによって不足額にかなり違いはありますが、「年金だけでは足りない」という事実は理解しておきましょう。

4 年金暮らし世帯でも節約を心がければ月3万円は浮くというのは本当ですか？

A すでに節約を心がけている人は簡単ではないが、無駄な支出を削るだけでも十分に可能！

これから節約を始める人も、すでに節約を心がけている人も、まず日常生活を見直しましょう。当たり前だと思っていた出費が、実は無駄な費用だったり、節約の妨げになっていたりするかもしれません。

節約の基本は「お金を使わない」ことではなく、「手元にあるものを生かして新たに買わない」こと。大切なのは「何を買ったか」ではなく、「なぜ買ったか」をよく考えることです。

スーパーやコンビニで、つい余計なものまで買ってしまったという経験は誰にもあるはず。そのような無駄な出費が身の回りに多い人ほど、無駄を1つずつ削っていくだけで、月3万円の節約が実現しやすいでしょう。

節約すると効果大なのは食費などの変動費？それとも住居費などの固定費？

A 定額で支出する固定費は、変動費と比べれば減らしにくいが、減らせるなら効果絶大。

家計は「固定費」と「変動費」に分けて考えることが重要です。

固定費とは、毎月・毎年など期間を区切って一定額を支払う費用のことです。住居費（家賃・住宅ローン返済など）や光熱費（電気・ガス料金）、水道料金、通信費（携帯電話・固定電話・インターネット料金など）、NHK受信料、保険料、自動車関連費、社会保険料（健康保険料など）、固定資産税などが該当します。

それに対して**変動費とは、支払う金額が毎月変わる費用のことです。**食費、日用品代、医療費、薬代、介護費、交際費、趣味・娯楽費、理容院・美容院の費用、衣服費などが該当します。

毎月一定額の支払いが自動的に減る

固定費と変動費を分けると家計の支出状況が整理されれば、固定費の割合を把握できます。固定費の割合が高ければ、固定費を見直すことが節約の第一歩となります。

固定費を削減すると、毎月一定額の支払いが自動的に減るので、高い節約効果が得られます。例えば、家賃を毎月7万円支払っているなら、家賃5万円の賃貸住宅に引っ越せば、これだけで毎月2万円もの節約ができる計算になるのです。

以下、主な固定費の見直しのポイントを簡単に見ていきましょう（左㌻の表参照、くわしくは7・8章）。

❶住居費

家賃や住宅ローンの返済に加え、管理費、修繕積立金などが含まれます。賃貸住宅に住んでいる人は、思い切って間取りの小さい部屋を借りるなどして家賃を下げることも検討しましょう。なお、持ち家を高い省エネルギー性能住宅にリフォームすると税額控除がある（Q124参照）うえ、光熱費の節約にもつながります。

❷光熱費

家電製品などのスイッチをこまめに切る、照明をLED電球に取り替えるなどの積み重ねが大切。エアコンの温度を適切に保つことも重要ですが、リモコンの温度設定に頼らず、実際の室温を測って確認しましょう。省エネタイプの家電への買い替えも、長い目で見れば節約につながります。

❸通信費

基本料金に加えて、さまざまなオプション・プランがあるため、かなり高い料金を支払っているケースが少なくありません。利用状況に応じて定期的に見直して、不必要な契約は解約し、必要な契約のみ継続しましょう。自分に合った格安プランがあれば、選択肢の1つにすべきです。

❹保険料

年代によって必要な保障は変わるので、適切な時期に見直しましょう。医療保険や介護保険はともかく、年金受給世代に数千万円の死亡保障は必要ありません。

家計の固定費と変動費の書き込みチェック表

◉あなたの支出額を空欄に記入し、家計の実態と見直しの主なポイントをチェックしよう！

	支出の費目	支出額の目安	あなたの支出額	見直しの主なポイント
固定費	住居費	1万5,600円	円	賃貸なら引っ越し 住宅ローンの繰上げ返済　など
	光熱費・水道代	2万2,600円	円	基本料金プランの見直し 省エネ家電への買い替え　など
	通信費	2万8,900円	円	固定電話の解約　など
	交通・車維持費			保険の保障内容の見直し レンタカーやカーリースの利用　など
	税金・社会保険料	3万1,800円	円	まとめて納付（料金割引）　など
固定費小計		9万8,900円	円	－
変動費	食費	6万7,800円	円	外食の回数を減らす　など
	家具・家事用品	1万400円	円	家電製品の買い替え　など
	衣服・履物代	5,000円	円	年間のトータルで節約を考える　など
	保険・医療費	1万5,700円	円	規則正しい生活と食生活　など
	教養・娯楽費	2万1,400円	円	図書館、自治体の講座を活用　など
	交際費	2万2,700円	円	気の進まない場合は断る　など
	その他の消費支出	2万6,700円	円	無駄な出費を減らす　など
変動費小計		16万9,700円	円	－
固定費・変動費合計		26万8,600円	円	－

※平均概算額は、総務省「家計調査年報（家計収支編）2022年」（65歳以上の夫婦高齢者無職世帯の支出額）を一部改変
※その他の消費支出は、理美容院費、衛生消耗品、化粧品、かばん類、アクセサリーなどの身の回り用品など

節約に加え会社で働くと、給与収入のほかにどんなメリットがありますか？

A 年金が在職中に増える、雇用保険のさまざまな給付が受けられるなど、メリットは多い。

会社（厚生年金の適用事業所）で働くと、原則として、70歳になるまで厚生年金に加入することが可能です。そして、60歳以降も働きつづければ、納付した保険料分の年金が上積みされます。

例えば、月給20万円（賞与なし）で厚生年金に加入し、60歳から65歳まで働いたとします。その場合、年金は毎年1万3000円ずつ増えます。つまり、60歳以降に5年間働くことで、65歳から毎年6万5000円多い年金を生涯受け取れるのです。

実際、2013年に改正された高年齢者雇用安定法により、会社には継続雇用の希望者を「原則として65歳まで雇用の確保」をすることが義務づけられました。

ただし、60歳以降は60歳時と比べて賃金が大幅に低下するケースが多いため、雇用保険では、低下した賃金の一部を補う「高年齢雇用継続給付」を行っています。

給料に加え雇用継続基本給付金がもらえる

高年齢雇用継続給付の支給要件は次のとおりです。

❶60歳以上65歳未満かつ雇用保険の一般被保険者である
❷雇用保険の被保険者期間が5年以上ある
❸60歳以降の賃金が60歳時点の75％未満である
❹失業保険の基本手当や再就職手当を受けていない

これらの要件を満たす場合は、「高年齢雇用継続基本給付金」が受給できます。また、基本手当を受けておらず、さらに次の3つの要件を満たした場合には、「高年齢再就職給付金」が受給できます。

❺再就職手当を受給していない
❻1年を超えて引き続き雇用されることが確実
❼再就職した前日に基本手当残日数が100日以上ある

高年齢雇用継続基本給付金の支給額は賃金の低下率によって異なり、支給対象月の賃金が37万452円（2024年4月1日現在）を超えると支給されません。

7 老後の暮らしを支える年金を60歳前後から増やす方法はありますか?

A 自営なら付加年金や国民年金基金、会社員なら60歳以降も働くことなどで簡単に増える。

国民年金の加入は原則として60歳までですが、**厚生年金の適用事業所で継続して働く人は、納付した保険料分の年金をプラスして受給できます**(Q6参照)。

一方、**自営業者や個人事業主が60歳以降に年金額を増やすには、国民年金に「任意加入」することが前提となります**。任意加入できるのは次の要件を満たす人です。

◉**日本国内に住所を有する60歳以上65歳未満の人**
◉**老齢基礎年金の繰り上げ支給を受けていない人**
◉**保険料の納付月数が480ヵ月(40年)未満の人**
◉**厚生年金、共済組合などに加入していない**

任意加入できるのは65歳になるまで、または保険料納付済期間が480ヵ月になるまで。1年加入すると年額2万400円、5年加入で年額10万2000円増えますが、保険料は月1万6980円なので、保険料の元を取るまでには約10年かかります(2024年度価格)。

付加年金、国民年金基金で年金を増やす

国民年金保険料を自分で支払う場合には、**「付加年金」**または**「国民年金基金」**に加入することで、年金を増やすことができます。なお、付加年金と国民年金基金には同時加入できません。

❶付加年金に加入して付加保険料を払う

定額の保険料に月額400円の付加保険料を納めると、将来「200円×付加保険料を納めた月数」の年金額が上乗せ支給され、2年受給すると元が取れます。

❷国民年金基金に加入する

国民年金基金は、加入が口数制の保険であり、保険料は年齢や性別によって異なります。60歳で1口めの終身年金に加入する場合の保険料月額は、男性2万5000円、女性2万3750円です。安定した年金資産ではあるものの予定利率が低いので、余裕資金があり税金の優遇措置(公的年金控除)を受けたい人に向いています。

8 年金を大幅に増やすには何歳から受給を開始するといいですか？

A 75歳から受給なら84%も増えるが、損益分岐年齢を考えると70歳からの受給がおすすめ。

年金は原則として65歳から受給できます。それより早く受給しはじめる（繰上げ受給）と1ヵ月ごとに0・4%ずつ減額されます。逆に、遅く受給しはじめる（繰下げ受給）と1ヵ月ごとに0・7%ずつ増額されます。繰上げ受給は60歳まで繰り上げることができ、繰下げ受給の場合は75歳まで繰り下げることが可能です。

75歳から受け取るときの受給額は、65歳時点の原則受給額よりも84%（0・7%×120ヵ月）増えます。しかし、寿命が短くて短期間しか受給できないと、総受給額では損をしてしまうことになりかねません。

この損益分岐年齢は、70歳まで繰り下げた場合は81歳11ヵ月、75歳まで繰り下げた場合は86歳11ヵ月です。これよりも前に亡くなった場合には、65歳から受給した場合の年金額を下回ってしまうことになります。

ザックリいうと、受け取りはじめてから12年後が損益分岐年齢となるので、繰下げ受給は元気で長生きできる人向けの選択肢です。**平均寿命（男性約81歳・女性約87歳）や自分の健康状態を考慮し、70歳くらいから受給することを考えてみてはいかがでしょうか。**

加給年金がもらえないなど注意点もある

ただし、繰下げ受給にはデメリットもあります。受け取る年金額が増えることで税金や社会保険料の負担、医療費の窓口負担が増える可能性があるからです。

また、受給を開始するまでの繰下げ待機中は**「加給年金」**（老齢厚生年金をもらっている人の配偶者が65歳に到達するまで支給される年金）は支給されず、増額もされません。**「振替加算」**（1966年4月1日以前生まれの配偶者が65歳になると加給年金に替えて支給される年金）についても同様なので、注意が必要です。

なお、繰下げ待機中に亡くなった場合、遺族年金は65歳時点の原則受給額（増額なし）に基づいて計算されます。また、老齢基礎年金と老齢厚生年金は別々に繰下げ受給することもできるので、「ねんきんネット」などで試算したうえで、慎重に判断しましょう。

繰下げ受給の仕組み

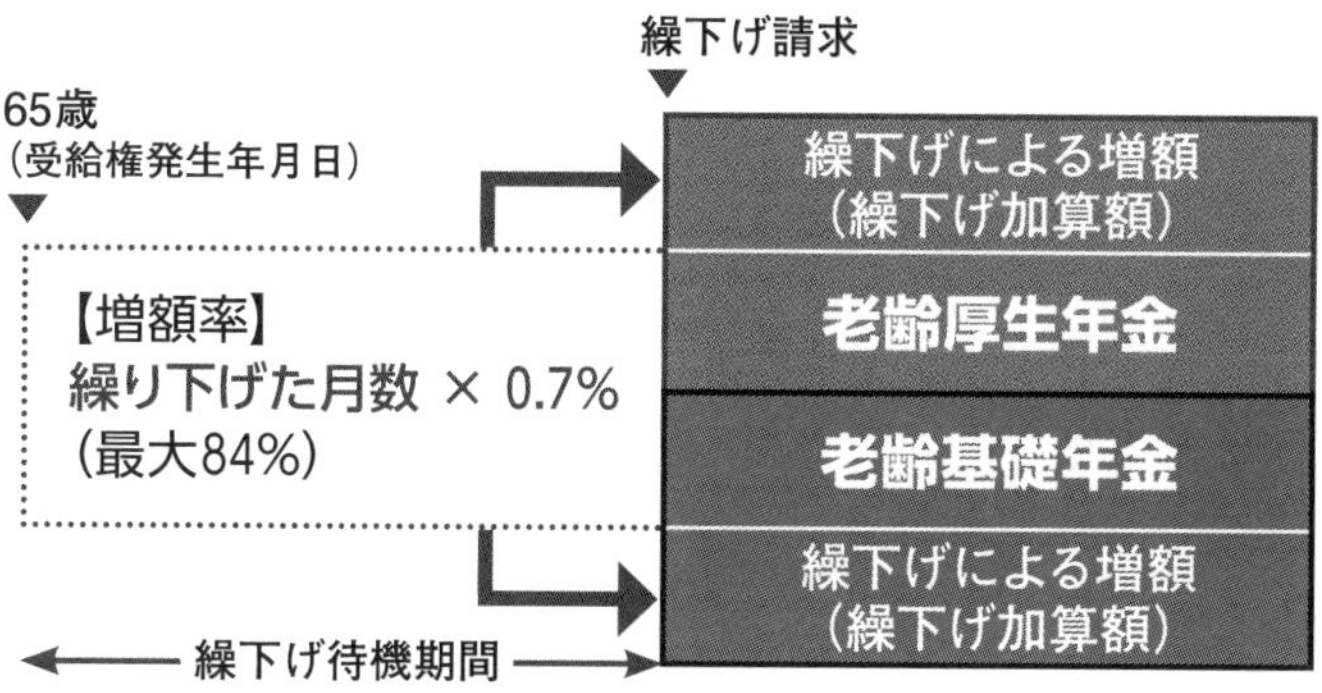

65歳
（受給権発生年月日）

繰下げ請求

【増額率】
繰り下げた月数 × 0.7%
（最大84%）

繰下げによる増額 （繰下げ加算額）
老齢厚生年金
老齢基礎年金
繰下げによる増額 （繰下げ加算額）

←繰下げ待機期間→

◉ 老齢基礎年金・老齢厚生年金のそれぞれについて増額され、増額は生涯続く
◉ どちらか一方のみ繰下げ受給することも可能
◉ 65歳以後に厚生年金に加入していた期間がある場合は、支給停止されていた額を除いて繰下げ加算額を計算

繰下げ受給による増額率早見表

請求年齢	0月	1月	2月	3月	4月	5月	6月	7月	8月	9月	10月	11月
66歳	8.4%	9.1%	9.8%	10.5%	11.2%	11.9%	12.6%	13.3%	14.0%	14.7%	15.4%	16.1%
67歳	16.8%	17.5%	18.2%	18.9%	19.6%	20.3%	21.0%	21.7%	22.4%	23.1%	23.8%	24.5%
68歳	25.2%	25.9%	26.6%	27.3%	28.0%	28.7%	29.4%	30.1%	30.8%	31.5%	32.2%	32.9%
69歳	33.6%	34.3%	35.0%	35.7%	36.4%	37.1%	37.8%	38.5%	39.2%	39.9%	40.6%	41.3%
70歳	42.0%	42.7%	43.4%	44.1%	44.8%	45.5%	46.2%	46.9%	47.6%	48.3%	49.0%	49.7%
71歳	50.4%	51.1%	51.8%	52.5%	53.2%	53.9%	54.6%	55.3%	56.0%	56.7%	57.4%	58.1%
72歳	58.8%	59.5%	60.2%	60.9%	61.6%	62.3%	63.0%	63.7%	64.4%	65.1%	65.8%	66.5%
73歳	67.2%	67.9%	68.6%	69.3%	70.0%	70.7%	71.4%	72.1%	72.8%	73.5%	74.2%	74.9%
74 歳	75.6%	76.3%	77.0%	77.7%	78.4%	79.1%	79.8%	80.5%	81.2%	81.9%	82.6%	83.3%
75歳	84.0%											

※出典：日本年金機構「年金の繰下げ受給」

9 年金暮らし世帯でも節税はできますか？

A 年齢とともに増える医療費の一部が確定申告で戻るなど、さまざまな節税法がある。

年金暮らし世帯では、健康に不安を抱える人も多いと思われます。特に、**通院している人や入院したことのある人は、「医療費控除」を使えるか確認しましょう。**

医療費控除の対象となるのは、医療機関の窓口で支払った医療費、医薬品の購入費、医療用器具の購入費、通院のための費用、医師の往診を受けるさいの送迎費、柔道整復師や鍼灸師（しんきゅうし）による施術料、指圧、あんま、マッサージ（健康維持のものは除く）などです。**これらの医療費の合計が年間10万円（所得が200万円以下ならその5％）を超えると医療費控除が受けられます。**

一方、美容のための整形手術や歯科矯正治療、健康診断や人間ドックの費用、一般的な眼鏡やコンタクトレンズの代金、自家用車で通院する場合のガソリン代や駐車場料金、病気の予防や健康増進のための医薬品やサプリメントなどは対象外です。

セルフメディケーションを使うのも一手

医療費控除の対象外でも、市販の医薬品をよく購入する人は**「セルフメディケーション税制」**が使えるかもしれません。これは、指定された「特定一般医薬品等」の購入が年間1万2000円を超えた場合、この超過額を所得控除できる制度です。

かぜ薬、鎮痛剤、軟膏（なんこう）、点眼薬などの幅広い医薬品が対象で、パッケージを見ればわかり（下のマーク参照）、レシートにも表示されます。ただし、セルフメディケーション税制は、医療費控除とは併用できません。

この税制の申請には、医薬品の購入、健康診断や予防接種を受けたことを証明する明細書の作成が必要となります。領収書やレシートはきちんと保存しておきましょう（そのほかの節税法についてはQ10・11参照）。

セルフメディケーション
税 控除対象
※このマークが表示されている

Q10 節税はちょっと後ろめたい気がしますが、国が奨励しているとは本当ですか？

A 国はお金の循環を促すために各種の税額軽減を行っており、節税を奨励しているといえる。

「節税」とは、税法をはじめとするルールに則って合法的に税金を減らすことで、不正に納税を逃れる「脱税」とは違います。なんら後ろめたいことはありません。

近年、iDeCo（イデコ）やNISA（ニーサ）などの非課税枠を活用する投資が奨励されていますが、これは国が節税の旗振り役になっている一例です。親世代から子世代への資金の移動を促す相続時精算課税制度、教育資金や結婚資金の贈与制度、住宅借入金等特別控除（住宅ローン控除）など、賢く使えば節税できる制度はたくさんあります。

国は節税によって税収が減ることよりも、正しい納税を奨励するために、さまざまな減税制度を整備していると見るべきでしょう。

Q11 節税によって、どんな税金をどれくらい減らすことができますか？

A 節税額は一概にはいえないが、各種控除を活用すれば所得税や住民税などが大幅に減る。

年金暮らし世帯のメイン収入は公的年金（国民年金・厚生年金）ですが、年金にも税金はかかります。しかし、実際の年金額から「公的年金等控除」を差し引くことができるため、知らないうちに節税しているともいえます。このように、節税では課税所得を減らす効果がある各種の「控除」がとても重要になります。

なお、控除には「所得控除」と「税額控除」の2つがあります。控除の種類を知り、必要に応じて確定申告を行うことが効果的な節税につながります。

❶所得控除

所得控除は、収入から経費を差し引いた所得額から差し引ける控除です。控除ごとに差し引ける金額や計算方法が定められています。

❷税額控除

税額控除は、所得控除後に所得税率を乗じて算定した所得税額から直接差し引ける控除であり、直接的な節税効果が得られます。代表例は**「住宅ローン控除」**です。

節税額はケースバイケースですが、所得が195万円以下なら所得税率は5%、住民税の所得割の税率は10%。その場合、20万円（支払った医療費から10万円を控除した後の額）の医療費控除を申告すると、所得税1万円、住民税2万円の節税になります。

所得税に関する所得控除

控除の種類	控除額	内容・適用条件など
基礎控除	16万〜48万円	年間の合計所得が2,500万円以下の場合
配偶者控除	13万〜48万円※	配偶者の年間の給与収入が103万円以下
配偶者特別控除	1万〜38万円※	年間の合計所得が48万円超133万円以下（給料のみは103万円超201万円以下）
扶養控除	38万〜63万円	70歳以上の配偶者は年間の合計所得が48万円、老親は同居なら58万円、それ以外は48万円、16歳以上23歳未満は63万円
医療費控除	上限200万円	年間に支払った医療費（保険金は除く）が10万円を超える場合
	上限8.8万円	特例のセルフメディケーション税制の場合
寄付金控除	寄付額による	「寄付金額」と「総所得金額の40%」のいずれか低いほうから2,000円を引いた金額が控除 ふるさと納税も対象
社会保険料控除	支払った保険料全額	国民健康保険料、介護保険料など（家計を一にする家庭単位で計算）
生命保険料控除	最大12万円	生命保険・介護保険・年金保険の保険料
地震保険料控除	最大5万円	地震保険の保険料
小規模企業共済等掛金控除	掛金の全額	小規模企業共済掛金や個人型年金（iDeCo）の掛金など
ひとり親控除	35万円	生計を一にする子がいて、年間の合計所得が500万円以下
寡婦控除	27万円	夫と離婚（扶養親族あり）・死別後再婚していない独身女性で、年間の合計所得が500万円以下
勤労学生控除	27万円	アルバイト収入のみなら年間の給与収入が130万円以下
障害者控除	27万円	特別障害者40万円（年間収入） 同居特別障害者75万円（年間収入）
雑損控除	右の❶❷のいずれか多い金額	❶［災害、盗難、横領による損失］−［合計所得金額×10%］ ❷災害関連支出−5万円 ※❶❷のいずれか多い金額を適用
青色申告特別控除	55万・65万円	青色申告者に適用

※納税者の年間の所得金額により控除額は異なる

第2章

高騰する電気代の節約についての疑問22

▶Q12～33◀

回答者

山本宏税理士事務所所長 税理士 CFP
山本 宏（やまもと ひろし）
山本文枝税理士事務所所長 税理士 AFP
山本文枝（やまもとふみえ）

値上げの嵐に負けない！電力会社の乗り換えなど手軽な方法で毎月の電気代はぐんと減る

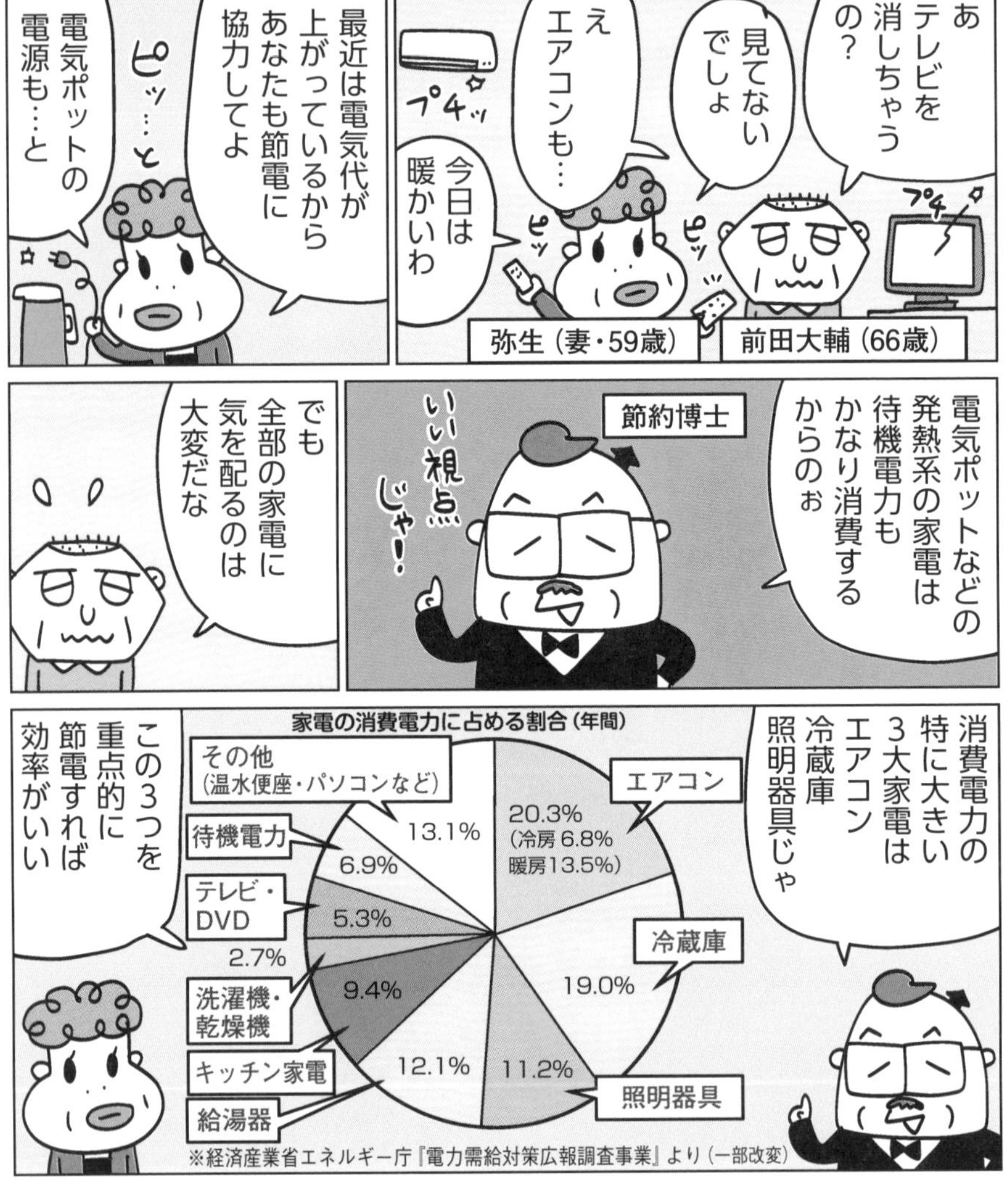

エアコンは
外出するとき
必ず切るわ
20～30分の
外出でも？
微妙なところ
じゃのぉ
ダイキン工業の調査に
よると外出時間が
日中は35分以内
夜間は18分以内なら
つけっぱなしのほうが
消費電力は少ない
そうじゃ
35分
18分
ふ～ん
夏場は
冷やしすぎ
冬場は
暖めすぎを
さけなくて
はならん
1～2度
上げるか
下げるだけでも
年間1000円前後の
節電になる
シャーーッ
エアコンは外気温と
室温の差が大さいほど
電気を多く使うから
遮熱カーテンなどで
外部からの熱気や寒気を
遮断するのも有効じゃ
ところで
1回の手続きで
勝手に毎月
節電できて
しまう方法が
あるんじゃが
知っとるか？
電力会社の
乗り換えね
ご名答！
電力自由化によって
新電力会社が
参入しているから
なるべく安い
料金プランの会社を
選ぶといい
インターネットの
比較サイトがあるわ
ここがよさそう
ほら
できたわ
ポチッ
ほーカンタンだな
パソコンが
苦手な人は
若い人にやり方を
聞くといいゾ
はーい

Q12 年金暮らし世帯の電気代はどのくらいですか？我が家の月2万円は多い？

A 60歳代の平均は単身世帯なら月7670円、夫婦2人世帯なら月1万3300円前後。

電気代は、年齢が上がるにつれて高くなる傾向があります。総務省の「家計調査年報（家計収支編）２０２２年」によると、年代別の電気は、単身者世帯と２人以上世帯のどちらも20歳代以下は安く、30歳代から60歳代にかけて高くなります（下の表参照）。

年金暮らし世帯の電気代の平均月額は、単身世帯で約7670円（無職の単身世帯は約7500円）、**2人以上世帯で約1万3300円前後**（無職の夫婦のみ2人世帯は約1万2000円）**となっています。ご質問にある月2万円の電気代は高いので、無駄に電気を使っていないか生活環境を見直す必要があるでしょう。**原因としては、消費電力の効率が悪い旧式の冷蔵庫・エアコンを使っていることなどが考えられます（Q30・31参照）。

なお、月々の電気代は、季節によって大きく変動します。電気代が最も高くなるのはエアコンなどの暖房器具を多用する冬で、平均月額の1・5倍程度になります。逆に、気温が穏やかな5～6月は平均月額の半分程度まで安くなることがあります。２人以上世帯で冬の電気代が2万円なら、平均的な水準といえるでしょう。

年代別の電気代平均（月額）

<table>
<tr><th>年齢</th><th>単身世帯</th><th>2人以上世帯</th></tr>
<tr><td>29歳以下</td><td rowspan="2">4,768円</td><td>8,616円</td></tr>
<tr><td>30～34歳</td><td rowspan="2">1万976円</td></tr>
<tr><td>35～39歳</td><td rowspan="3">6,662円</td></tr>
<tr><td>40～49歳</td><td>1万2,944円</td></tr>
<tr><td>50～59歳</td><td>1万3,590円</td></tr>
<tr><td>60～69歳</td><td rowspan="2">7,670円</td><td>1万3,304円</td></tr>
<tr><td>70歳以上</td><td>1万2,284円</td></tr>
</table>

総務省統計局「家計調査年報（家計収支編）2022年」を基に作成した年代別の電気代の平均月額。暖房機器を多用する冬は、この平均月額よりも1.5倍程度高くなる。

Q13 基本料金・契約プランは1回の見直しで毎月節電できるとは本当ですか？

A 1回見直すだけで以降は毎月料金が減る。月数百円の節約だが、ちりも積もれば山となる。

電気代の「基本料金」は契約アンペアの容量によって決まり、通常は「従量電灯B（10～60A（アンペア））」を契約し、60Aを超える電力が必要な場合は「従量電灯C」を契約します。従量電灯Bの契約アンペアは、容量が大きいほど基本料金が高くなるのが特徴です（下の表参照）。

契約アンペアは、電力が不足しないように容量を大きめにするのが一般的です。単身世帯なら20Aあれば間に合いますが、子供がいる3人以上の世帯なら40～50Aは必要になります。とはいえ、契約アンペアは、家族構成の変化に応じて柔軟に変更してかまいません。

契約アンペアを下げれば、基本料金が安くなるので、いくらかお得です。例えば、東京電力の場合、40Aを30Aに下げると基本料金が月額約312円安くなり、50Aを30Aに下げると月額約624円安くなります。月に数百円程度の節約ですが、年間で考えると数千円のお金が浮くので、見直す価値は十分にあります。

また、アンペア以外の「契約プラン」（夜間の電気代が安くなるプランなど）もライフステージに応じて見直せば、毎月の電気代を節約できることがあります。

従量電灯Bの基本料金（東京電力）

アンペア	単位	料金（税込）
10A	1契約	311円75銭
15A		467円63銭
20A		623円50銭
30A		935円25銭
40A		1,247円00銭
50A		1,558円75銭
60A		1,870円50銭

東京電力の従量電灯B（10～60A）の基本料金。最低月額料金は1契約当たり328円8銭。この基本料金に加えて、1kWh当たり28円80銭～40円49銭の電力量料金がかかる。

※表の料金は、2024年4月10日現在

Q14 節電につなげる基本料金・契約プランの見直しはどのように行いますか？

A 子供の独立など家族構成が変わったときが好機。契約アンペアの変更は簡単にできる。

電気の「基本料金」「契約プラン」を見直すタイミングは、子供が就職や結婚などで独立し、家族構成が変わったときがベストです。その場合は、現在の契約アンペアを調べ、適切な容量かどうかを確認してください。

例えば、夫婦2人で年金暮らしをしている世帯なら、契約アンペアは30A（アンペア）が目安になります。もし、夫婦2人暮らしで40A以上を契約しているなら、すぐに容量を下げる契約変更の手続きをしたほうがいいでしょう。

ちなみに、契約アンペアは検針票に記載されているほか、ブレーカーの色でわかります。ブレーカーが赤色なら10A、桃色なら15A、黄色なら20A、緑色なら30A、灰色なら40A、茶色なら50A、紫色なら60Aです。

契約アンペアの変更手続きは、電力会社のカスタマーセンターに電話をするか、インターネットで申し込みます。従量電灯B（契約アンペアが10～60A）なら、アンペアブレーカーを無料で希望の容量のものに取り替えてもらえるので、基本的に費用はかかりません（東京電力などの場合。配線設備の工事費は有料）。工事のさいに10～15分ほど停電しますが、作業は1日で終わります。

子供の独立で契約アンペアを変更

子供が結婚するなどして自宅から独立し、家族構成が変わったら契約アンペアを見直す好機。夫婦2人で年金暮らしをしている世帯なら、30Aあれば日常生活にほぼ問題ない。

Q15 電気代の請求書は難しい言葉ばかりです。どう見たらいいか教えてください。

A 使われている言葉の意味を知ることが重要。前年同月の料金と今月分を比較して節約を！

国から許可を受けた一般送配電事業者によって検針が行われると、「電気ご使用量のお知らせ」と記載された「請求書（検針票）」がポストに投函（とうかん）されます。この検針票に使われている言葉や数字は難解なので、どのように見ればいいのかわからない人も多いでしょう。

検針票の書式は電力会社ごとに違いますが、記載されている内容はおおむね同じです。参考までに、東京電力の検針票に使われている言葉などを説明しましょう。

●お客様のお名前

契約名義人の氏名が記載されます。

●ご契約種別・ご契約

従量電灯B・契約アンペア（10〜60A）、または従量電灯Cなど、契約しているプランのこと。

●今月のご使用量

前回の検針から今回の検針までに使用した、1ヵ月間の電力量です。「kWh（キロワット時）」の単位で記載されます。

●請求予定金額

基本料金や電力量料金、再エネ発電賦課金（ふか）（消費者が負担する再生エネルギーの買い取り費用）、口座振替割引（東京電力の場合は口座振替で55円割引になる）などを合算、相殺した請求予定金額が税込で記されます。

●請求予定金額の内訳

基本料金や電力量料金、再エネ発電賦課金、口座振替割引などの明細です。電力量料金は第1段階料金（最初の120kWhまで）、第2段階料金（120kWhを超えて300kWhまで）、第3段階料金（300kWhを超過した分）に分けて算出されます。

●前年同月との電力量の比較

今回の検針した電力量が何日間で何kWhだったか、前年同月に比べて何%増減したかが記されます。

●燃料費調整のお知らせ

1kWh当たりの燃料価格の変動を調整する金額が、

当月分と翌月分に分けて記され、差額が算出されます。差額がプラスなら翌月はその分、電気代が上がります。

●地区番号・お客様番号

地区番号は、検針区域ごとに設定している番号。お客様番号は、契約単位で設定している番号。どちらも電力会社に問い合わせるさいに必要になります。

●お問い合わせ先／カスタマーセンター

契約に関する問い合わせ、引っ越しの手続きの相談、停電や設備の不具合など緊急時の連絡先です。

以上のほか、口座振替予定日、次回の検針予定日、検針者の名義、営業所名などが記載され、電力会社によっては還元されるポイント数が記されることもあります。

検針票で必ず確認したほうがいい項目は、前年同月との電力量の比較です。前年同月よりも電力量が増えていれば、エアコンの使い方に無駄があるかもしれないなど、電気の使い方を見直すきっかけになります。

また、物価高の昨今は、燃料費調整を確認することも大切です。燃料費の高騰で翌月の電気代が１ｋＷｈ当たりどれくらい上がるのかを把握すれば、翌月に請求される電気代を予測することができます。

Q16 電力会社を乗り換えると電気代はどれくらい減りますか？

A 乗り換える電力会社によって違う。電力自由化で参入した新電力会社と料金の比較を！

かつて日本では、地域ごとに決められた電力会社（旧一般電気事業者）としか電気の契約ができませんでした。それが、２０１６年4月に法律が改正され、電力小売が全面自由化されたのです（電力自由化という）。

現在では、それまで企業向けに電気を販売していたＰＰＳ事業者（特定規模電気事業者）に加え、ガス会社、エネルギー関連会社、通信・ケーブルテレビ会社など、さまざまな業種の企業が電力の販売に参入してます。

電力自由化のメリットは、多くの新電力会社が参入することで競争原理が働き、一般消費者が電気を安く利用できることです。では、旧一般電気事業者から新電力会社に乗り換えることによって、どれくらい電気代が安くなるのでしょうか。

例えば、東京電力で従量電灯B・40Aを契約している人が、新電力会社のTERASEL(テラセル)でんき（超TERASEL東京B）に乗り換えたとします。それによって安くなるのは、使用電力量に対して課金される電力量料金です。具体的には、東京電力と比べて第2段階料金が1kWh(キロワット時)当たり2円14銭安くなり、第3段階料金が同4円85銭安くなります。仮に、月平均350kWhを使う場合は、［2円14銭×180kWh＋4円85銭×50kWh］で627円（年間で7524円）安くなる計算です。

さらに、TERASELでんきに乗り換えると、初年度の特典として数千円分の楽天ポイントが充当されます（加えて毎月支払った電気代分のポイントをもらえる）。ほかの新電力会社では、ポイント以外にキャッシュバック、ギフト券、各種割引などの初回特典を付与していることもあるので調べてみるといいでしょう。

なお、**電力量料金がどれくらい安くなるか、乗り換えによってどのような特典を受けられるかは、新電力会社ごとに違います。また、基本料金／最低料金、燃料費調整額、再エネ賦課(ふか)金は、新電力会社に乗り換えてもあまり変わらないと考えたほうがいいでしょう。**むしろ、**燃料費調整額については、新電力会社のほうが割高になることもあるので注意が必要です。**

新電力会社に乗り換えるさいは、何社か候補を選んで入念に比較することが重要になります。インターネットのサイトなら「エネチェンジ」（左の図参照）が新電力会社選びに役立ちます。

新電力の選定に便利な比較サイト

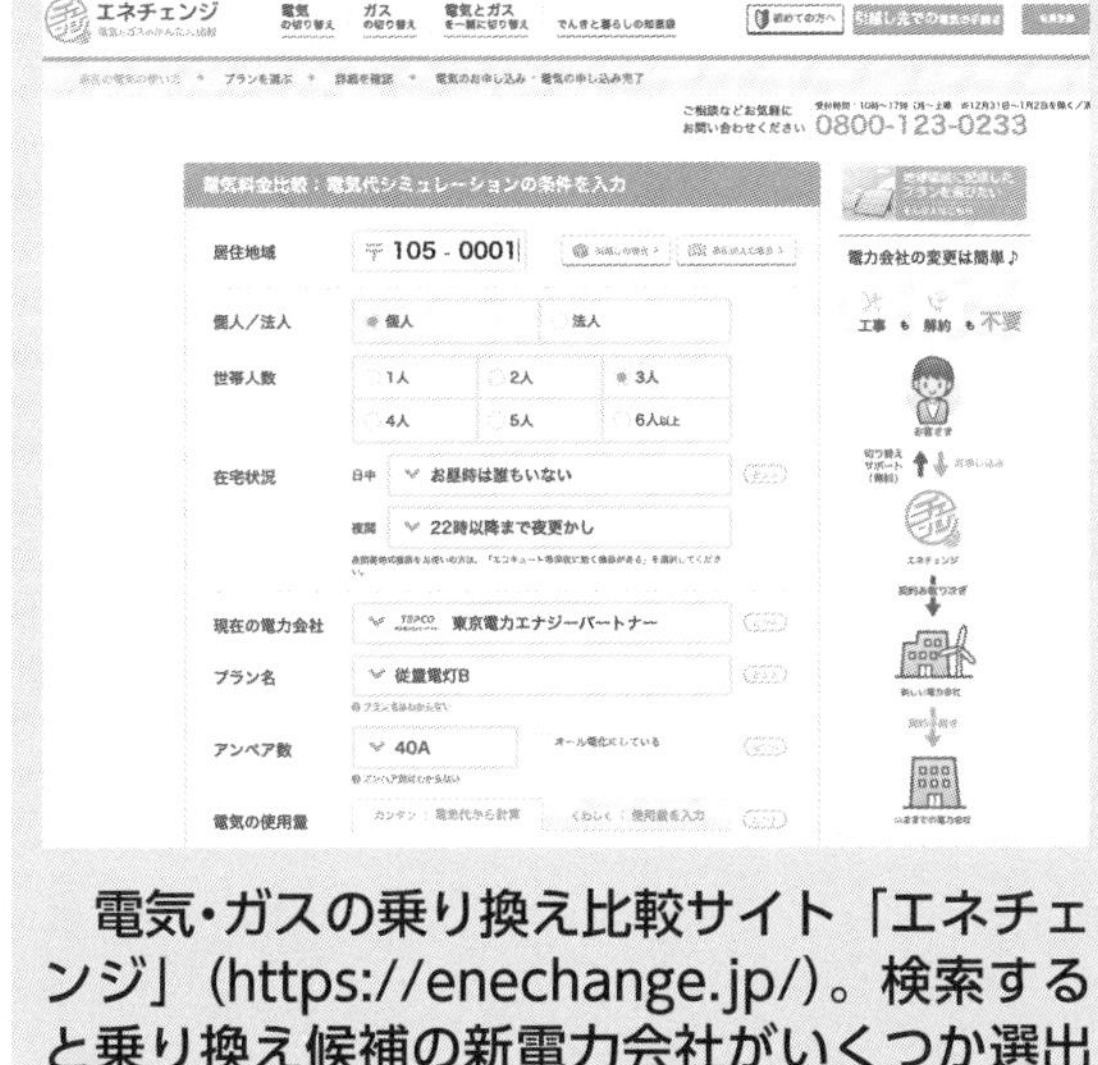

電気・ガスの乗り換え比較サイト「エネチェンジ」（https://enechange.jp/）。検索すると乗り換え候補の新電力会社がいくつか選出され、電気代をくわしく比較できる。

※電力量料金の比較は、2024年1月末時点の単価で算出

Q17 電力会社の乗り換えはどのように行いますか？

A 現時点の契約内容と月々の電力量を確認し、乗り換え先を探すなど5ステップで行う。

旧来の電力会社（旧一般電気事業者）から新電力会社への乗り換えの手続きは簡単に行えます。乗り換え先の新電力会社および契約プランを選び、そこに電話かインターネット経由で連絡すればいいのです。後は、乗り換え先の新電力会社が旧来の電力会社への連絡も含め、手続きを一通り行ってくれます。

とはいえ、**全国に700社以上ある新電力会社の中から乗り換え先を選ぶのは大変です。そこで、電力会社の乗り換えの手順を説明しましょう（上のフローチャートを参照）。**

まず、重要なのは現在の契約内容や、毎月の電力量を確認することです。契約アンペア（アンペア）は何Aか、毎月の電力量は何kWh（キロワット時）かを検針票を見てチェックしましょう。

次に、自分の生活スタイルや家族構成などから契約プランを考えます。日中に多く在宅する人は、昼に電気が安くなるプランがお得です。夫婦2人の年金暮らしなら契約アンペアは30Aに下げたほうがいいでしょう。さら

新電力会社に乗り換える5ステップ

❶ 現在の契約内容、毎月の電力量を確認
➡何Aで契約しているか、毎月どれくらいの電力量を消費しているかを確認する

▼

❷ 生活スタイルから契約プランを考える
➡乗り換え後は何Aで契約するのか、どんな割引を望むのかなど希望をまとめる

▼

❸ 乗り換え候補となる新電力会社を探す
➡地元でサービスを提供している新電力会社を選ぶ。比較サイトを利用すると便利

▼

❹ 比較サイトで新電力会社の料金を調べる
➡比較サイトで希望に合う新電力会社を検索し、各社の電気代の内訳を詳しく調べる

▼

❺ 乗り換え先の新電力会社に連絡する
➡乗り換え先を決定したら、その新電力会社に電話かインターネット経由で連絡する

に、どのような割引を受けたいか、ポイントは充当されるかなど事前に希望をまとめておくことが大切です。

そのうえで、乗り換え先の新電力会社をインターネットの比較サイトで探します。この比較サイトはいくつかありますが、「エネチェンジ」（Q16の図参照）や「価格．ｃｏｍ」（https://kakaku.com/）が便利です。

比較サイトで自宅の郵便番号、現在の契約内容、毎月の電気代を入力して検索すると、乗り換え候補の新電力会社がリスト表示されます。それらの内容を1つひとつ確認し、どれが一番お得か検討しましょう。

新電力会社の比較のポイント

◉ 電気代が年間でどれくらい安くなるか？
基本料金、電力量料金などを合算し、年間で電気代がどれだけ安くなるのかを試算する。

◉ 電力量料金の単価はいくらか？
電気代は、電力量料金の単価で大きく差がつく。３段階の電力量料金をそれぞれチェック。

◉ セット割引はあるか？
ガス代、あるいはスマートフォンの利用料金などとのセット割引があれば、よりお得になる。

◉ ポイントは還元されるか？
電気代の支払いに応じてｄポイント、楽天ポイントなど各種ポイントが貯まるかどうかを確認。

◉ 契約期間の縛りはあるか？
契約期間が設定されていると、中途解約で違約金が発生する場合があるので要注意。

新電力会社を比較する５つのポイント

新電力会社の比較のポイントは、上の図のとおりです。**この中で新電力会社選びの決め手となるのは、電気代が年間でどれだけ安くなるかでしょう。旧来の電力会社に比べて年間５０００円～１万円程度安くなるなら、乗り換えを検討する価値は十分にあります。**

ほかにも、ガス会社や通信会社などが行っているセット割引、各種ポイントの還元、契約期間による違約金、解約金の有無も重要な比較材料になります。以上のことを踏まえ、乗り換え先の新電力会社を選んでください。

ところで、電力自由化がスタートして以降、倒産したり、事業を撤退したりした企業がいくつかあります。新電力会社が倒産、撤退した場合は、旧来の電力会社が一時的に引き継ぎ電気を供給しますが、利用する側としては不安が大きいものです。新電力会社を選ぶさいは、事業の安定性、継続性も考慮に入れてください。

Q18 支払方法の変更や国・自治体の補助金で電気代はどれくらい浮きますか？

A **カード払いでポイントがもらえる。省エネの新築住宅には100万円の補助金も！**

電気代の節約では、支払方法を見直すことも重要になります。以前は口座振替が中心でしたが、現在はクレジットカード払いにする人も増えています。

では、どちらのほうがお得なのでしょうか。

口座振替の場合は55円の割引で、クレジットカードの場合は支払った電気代に応じてポイントが還元されます。ですから、電気代の支払いに対して還元されるのが55ポイントに満たなければ口座振替がお得、55ポイントを超えるならクレジットカードがお得となります（1ポイント当たり1円で換算される場合）。

例えば、公共料金のポイント還元率が0・5％のクレジットカードで決済する場合、支払額が1万1000円で55ポイントをもらえるので、電気代がそれ未満なら口座振替、それを超えるならクレジットカードで支払ったほうがいいことになるわけです。

主なクレジットカードのポイント還元率

カード名	通常のポイント還元率	公共料金のポイント還元率	ポイントの種類
dカード	1.0～14.5%※1	**1.0%**	dポイント
Paypayカード	1.0～5.0%※2	**1.0%**※2	Paypayポイント
au PAYカード	1.0～7.0%	**1.0%**	Pontaポイント
三井住友カード(NL)	0.5～20%	**0.5%**	Vポイント
イオンカードセレクト	0.5～1.0%	**0.5%**※3	WAONポイント
楽天カード	1.0～3.0%	**0.2%**※4	楽天ポイント

※1……14.5%はdカードポイントモールを利用した場合の最大還元率
※2……利用料金200円（税込）ごとにポイントが付与される
※3……公共料金の支払い1件につき5ポイントがボーナスで加算される
※4……電気代の支払いは旧来の電力会社（旧一般電気事業者）のみ可

ちなみに、カード会社ごとにポイント還元率は違っています（右ページの表参照）。例えば、楽天カードは、通常のポイント還元率は比較的高いものの、公共料金の支払いでは0・2％に下がるので注意してください。

公共料金で1％還元のカードもある

電気代の支払いでは、公共料金のポイント還元率が1％のdカード、PayPayカード、au PAYカードなどがおすすめです。公共料金のポイント還元率は0・5％でも、コンビニエンスストアや飲食店での支払いで還元率が高い三井住友カード（NL）、イオン系列の店舗で有利に使えるイオンカードセレクトも狙い目といえます。できれば、日ごろから多用しているクレジットカードを電気代の支払いに使うといいでしょう。

ところで、**自宅を増改築したり、新築したりする人は、省エネ化を施すことで国や自治体から補助金を受け取れる支援制度があり（下の図参照）、この支援制度をうまく利用すれば電気代の節約になります。**ただし、エコキュートを導入するだけでも40万～60万円程度かかるので、初期費用はそれなりに高いと考えてください。

2024年に行われる住宅の省エネ化支援制度

● **高効率給湯器の設置**

➡一定の基準を満たした高効率給湯器を導入する場合、定額を支援。
エコキュートを導入する場合は8万～13万円／台を補助

● **高断熱窓の設置**

➡高断熱窓への断熱改修工事に対し、定額（1戸当たり最大200万円）を補助

● **開口部・壁等の省エネ改修工事**

➡子育て世帯または若者夫婦世帯の場合は30万～60万円／戸、
その他の世帯の場合は20万～30万円／戸を補助

● **その他のリフォーム工事**

➡住宅の子育て対応改修、バリアフリー改修、空気清浄機能・換気機能つきエアコン設置工事などを行う場合に工事内容に応じた定額を支援

● **高い省エネ性能を有する住宅の新築**

➡子育て世帯・若者夫婦世帯を対象とし、長期優良住宅の場合は100万円／戸、
ZEH 住宅の場合は80万円／戸を補助

Q19 電気代はどんな家電に重点を置くと効率よく節約できますか？

A エアコン、冷蔵庫、照明器具、電気温水器の消費電力量が多く、全体の約7割を占める。

家庭で使う家電製品のうち、消費電力量が特に多いのは❶エアコン、❷冷蔵庫、❸照明器具、❹電気温水器です。使用する台数にもよりますが、この4つだけで電力消費全体の約7割を占めます（下の図参照）。

ほかに、キッチン家電（電子レンジ・電気ポット・炊飯器など）、テレビ・DVD、洗濯機・乾燥機、パソコン・ルーター、温水便座でも電力をかなり消費します。

電気代の節約を考える場合、消費電力量の多い家電製品に重点を置くことがポイントになります。ですから、消費電力量全体の約7割を占める❶～❹を中心に家電製品の使い方を見直したり、省エネタイプに買い替えたりすることで効率よく電気代を節約できるのです。

ただし、節約にこだわるあまり家電製品を使うことの利便性を犠牲にするのは考えものです。家電製品を便利に使いながら節約することを心がけましょう。

家電製品の消費電力量の割合

エアコン

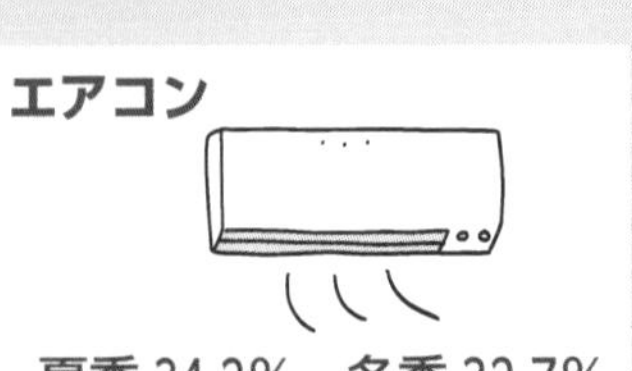

夏季 34.2%　冬季 32.7%

消費電力量が最も多いエアコン。全体の約3割を占める。

冷蔵庫

夏季 17.8%　冬季 14.9%

冷蔵庫は24時間稼働しているので電力消費量が多い。

照明器具

夏季 9.6%　冬季 9.3%

照明器具は一定の電力を消費するので節電効果も高い。

電気温水器

夏季 6.1%　冬季 12.5%

電気温水器は夏よりも冬のほうが電力を多く消費する。

※出典：経済産業省資源エネルギー庁「省エネポータルサイト」

Q20 最も消費電力量の多いエアコンはどう使うと効率よく節電できますか？

A 外気温と室温との差を小さくすることが肝心。温度設定や小まめなメンテナンスも大切。

電気代を節約する一番の近道は、最も消費電力量の多い「エアコン」の使い方を見直すことです。

エアコンは、室温と外気温との差を小さくしたり、適正な設定温度で使ったり、メンテナンスを小まめにしたりすると効率よく節電できます。エアコンを節電するポイントを下の図にまとめたので参考にしてください。

注意点は、節電するさいにエアコンの設定温度を何度にするかでしょう。環境省では、室温の目安として夏は28度、冬は20度を推奨しています。だからといって、真夏の冷房を28度、真冬の暖房を20度に設定してはいけません。これでは夏の室温が30度を超えたり、冬の室温が20度を下回ったりして快適さが損なわれることがあります。ですから、節電を心がける場合であっても、夏の冷房は24～25度、冬の暖房は23～24度くらいに設定することをおすすめします。

また、環境省が推奨する室温だと体感的に夏は暑く、冬は寒く感じられるかもしれません。扇風機を使ったり、服装で体温を調整したりしてエアコンを効かせすぎないようにし、うまく節電しましょう。

エアコン節電のチェックポイント

□	ドアや窓の開閉を少なくする
□	窓のカーテンを閉めて外気をさえぎる
□	扇風機やサーキュレーターで空気を循環
□	室外機の周囲には物を置かない
□	フィルターを月に1～2回清掃する
□	冷房を効かせすぎない（夏は24～25度）
□	暖房を効かせすぎない（冬は23～24度）
□	自動運転で風量を最適化する
□	服装で体温を調整する
□	外出時を除き、頻繁にオンオフしない

21 エアコンは外出中「つけっぱなし」「こまめにオンオフ」のどちらが節電できますか？

A 外出時間が長ければこまめにオンオフのほうが安く、短いならつけっぱなしのほうが安い。

エアコンはつけっぱなし（連続運転）にしたほうが、こまめに電源をオンオフするよりも電気代が安くなるという意見があります。これは本当なのでしょうか。

エアコン製造メーカーのダイキン工業は、夏の午前9時から午後11時までにエアコンをつけっぱなしにした場合と、外出時（合計4時間）にこまめにオンオフした場合で消費電力量を比較する実験を行いました。その結果、こまめにオンオフしたほうが消費電力量は少なく電気代が安かったのです（下の図参照）。

ただし、同社が行った別の実験によると、外出時間が日中は35分以内、夜は18分以内と短時間なら、つけっぱなしのほうが電気代が安くなることもわかっています。

エアコンの消費電力量が大きくなるのは、設定温度まで室温を上げたり、室温を下げたりするときです。とりわけ、設定温度と室内温度の差が大きい運転開始直後は、多くの消費電力が必要になります。

そのため、外出時間が短く在宅時間が長いときにはエアコンをつけっぱなしにしたほうが設定温度と室内温度の差が小さく、節電につながる場合があるのです。

こまめにオンオフのほうが安い!?

ダイキン工業が行った実験

- 実施日……………………2016年8月6日
- 最高気温…………………36.9度
- 天気………………………晴れときどき曇り
- エアコンの設定……冷房26度
- 風量………………………自動風量
- 実験の時間帯………午前9時から午後11時

※こまめにオンオフでは、買い物1時間、子供送迎30分、散歩30分、外食2時間でエアコンの電源をオフ

つけっぱなしにした場合の消費電力

➡ **5.7kWh** ※電力量料金は約177円（31円／kWh）

こまめにオンオフした場合の消費電力

➡ **4.4kWh** ※電力量料金は約136円（31円／kWh）

日中の外出時間が4時間程度と長めの場合は、こまめにオンオフのほうが電気代は安い。

※出典：ダイキン工業株式会社ホームページ

Q22 冬の朝は、エアコンをガスファンヒーターと併用すれば効果大とは本当ですか？

A エアコンは室温が上がるまでに時間がかかる。ファンヒーターを併用すると節電効果大。

Q21でも説明したようにエアコンの消費電力量が大きくなるのは、設定温度まで室温を上げたり下げたりするときです。特に、冬の朝に冷えきった部屋でエアコンをつけるとフルパワーで暖房が働くため、立ち上がりからしばらくは多めに電力を消費します。

そこで、**冬の朝はエアコンをつける前に、あらかじめガスファンヒーターで室内を暖めることをおすすめします。ガスファンヒーターは火力が強いので、比較的短い時間で室温を上げることが可能です。ある程度、ガスファンヒーターで室温を上げてからエアコンをつければ、立ち上がりの消費電力量がかなり抑えられます。**

ガスファンヒーターは燃費が良好で、1時間当たりのガス代は12円程度（木造住宅6畳・外気温5度・設定温度20度・都市ガスの場合）です。エアコンの暖房の場合は、6畳タイプで1時間当たり最大40円以上の電気代がかかりますが、設定温度に近づくと電気代は数円程度にまで安くなります。ですから、冬の朝にガスファンヒーターをうまく併用すれば、エアコンの電気代を1ヵ月間で数百円から1000円くらい節約できるでしょう。

まずはファンヒーターをつける

ガスファンヒーターは火力が強いので、冬の朝に最初につけるとエアコンの消費電力量が減る。石油ファンヒーターを使ってもいいが、ガスのほうが料金は安定している。

Q23 冷蔵庫は中をスカスカに、冷凍庫はツメツメにすると節電効果は大ですか？

A **冷蔵庫は設定温度や開閉の頻度などで節電できるが、最も効果が大きいのがこの方法。**

昔からいわれる、**「冷蔵庫の中はスカスカ、冷凍庫の中はツメツメにすると節電効果が大きい」というのは本当です。**これは、冷蔵庫の構造と関係しています。

一般的な冷蔵庫で使われている冷却方式は、ガス圧縮式です。具体的には、冷蔵庫の冷媒（熱交換する液体）を内部で循環させ、冷媒が液体から気体へ変化するときに周囲から熱を奪って冷気を生みます。そのため、中に物をつめ込みすぎると冷気の循環が滞って冷却の効率が悪くなり、電力を多く消費することになるのです。

ただし、冷凍庫の場合は話が別。冷凍庫の中に入れた物は凍ってお互いを冷やし合うため、すき間を少なくしてつめ込んだほうが冷却の効率はいいのです。

このやり方を含め、冷蔵庫の電気代を節約する主な方法を下の図にまとめたので参考にしてください。

ほかにも、加熱した料理は冷ましてから冷蔵庫に入れる、冷蔵庫の上に電子レンジなどの物を置かない、家の中に冷蔵庫が複数台ある場合は1つにまとめるといったことも有効な省エネテクニックです。実行できるものは、ぜひ試してみてください。

冷蔵庫の電気代を節約する方法

- **中に物をつめ込みすぎない**
  ➡ 年間電力量43.84kWhを削減
  ※年間約1,359円（31円／1kWh）の節約
- **設定温度を適切に保つ**
  ➡ 年間電力量61.72kWhを削減
  ※年間約1,913円（31円／1kWh）の節約
- **背面を壁から少し離して設置する**
  ➡ 年間電力量45.08kWhを削減
  ※年間約1,397円（31円／1kWh）の節約
- **頻繁に扉や引き出しを開閉しない**
  ➡ 年間電力量10.40kWhを削減
  ※年間約322円（31円／1kWh）の節約
- **扉や引き出しの開閉時間を短縮する**
  ➡ 年間電力量6.10kWhを削減
  ※年間約189円（31円／1kWh）の節約

※出典：経済産業省資源エネルギー庁「省エネポータルサイト」

Q24 照明器具はLEDランプに替えるべきですか？替えるならどの部屋がベスト？

A 白熱電球をLEDランプに替えると3～4ヵ月で元が取れる。長時間使う場所から交換を。

照明器具は、「白熱電球」「蛍光ランプ」「LEDランプ」の3タイプに分かれます。

寿命／電気代（8時間使用。明るさ800ルーメン相当）を3タイプの照明器具で比較すると、白熱電球は約1000時間／約15円、蛍光ランプは約1万3000時間／約3円、LEDランプは約4万時間／約2円。したがって、**白熱電球をLEDランプに替えることで寿命は40倍長くなり、電気代は7・5分の1まで安くなります。ちなみに、明るさ800ルーメン相当のLEDランプの価格は1000～1200円程度。1日8時間使用の場合は、電気代の差額から約3～4ヵ月で元を取れる計算になります。**

以上のことから、白熱電球を使っているならLEDランプに替えたほうが断然お得です。蛍光ランプも寿命になったらLEDランプに替えるといいでしょう。

LEDランプに替える部屋は、照明器具を使う時間の長い居室を優先します。そして玄関、浴室、トイレ、台所も順次LEDランプに替えることをおすすめします。

最後に、照明器具の電気代を節約する方法を左にまとめたので参考にしてください。

照明器具の電気代を節約する方法

- **白熱電球から蛍光ランプに交換する**
  ➡ 年間電力量84.00kWhを削減（年間2,000時間）
  ※年間約2,604円（31円／1kWh）の節約
- **白熱電球からLEDランプに交換する**
  ➡ 年間電力量90.00kWhを削減（年間2,000時間）
  ※年間約2,790円（31円／1kWh）の節約
- **白熱電球の点灯を1時間短縮する**
  ➡ 年間電力量19.71kWhを削減
  ※年間約611円（31円／1kWh）の節約
- **蛍光ランプの点灯を1時間短縮する**
  ➡ 年間電力量4.38kWhを削減
  ※年間約136円（31円／1kWh）の節約
- **LEDランプの点灯を1時間短縮する**
  ➡ 年間電力量3.29kWhを削減
  ※年間約102円（31円／1kWh）の節約

＊蛍光ランプ、LEDランプは電球型で計算

※出典：経済産業省資源エネルギー庁「省エネポータルサイト」

25 電気温水器はエコキュートに替えるべきですか？電気代はいくら減りますか？

A 替えると電気代は約4分の1。ただし、エコキュートは購入費が高いので、十分に検討を。

パナソニックの**「エコキュート」**は、省エネ効果の高い電気温水器として注目を集めています。

エコキュートの特徴は、電気のほかに大気中の熱を取り入れて給湯するヒートポンプユニットを採用していることです。このユニットのエネルギー比率は大気熱が3分の2、電気が3分の1。さらに、夜間電力を効率よく活用するため、電気代は格段に安くなります。

パナソニックによると、**東京電力エナジーパートナーエリアでのエコキュートの電気代は平均月額3100円。同エリアの電気温水器の平均月額は1万3200円なので、エコキュートは4分の1以下。替えれば電気代を毎月1万円以上も節約できる計算になります。**

ただし、エコキュートは本体価格や設置費用が高く、工事費を含む相場は総額40万～60万円です（水圧・タンク容量・省エネ機能などによっては60万円以上かかる）。

2024年は国の「省エネ化支援制度」により、エコキュート1台につき8万～13万円の補助金が支給されます。すでに電気温水器を使用しており、電気代を節約したいならエコキュートを検討してもいいでしょう。

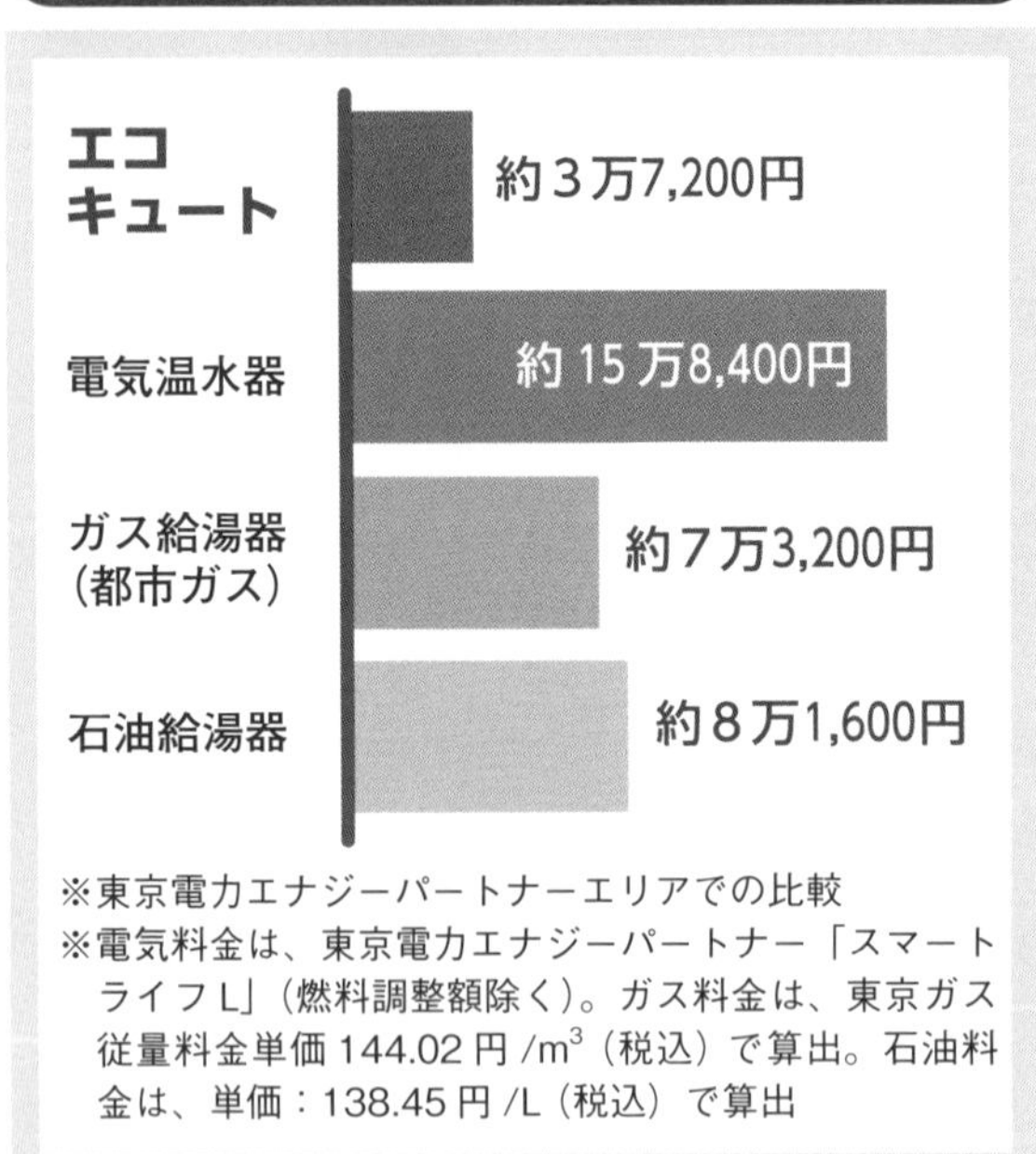

※出典：パナソニック株式会社ホームページ「住まいの設備と建材」

Q26 電子レンジや炊飯器などのキッチン家電はどう使うと効率よく節電できますか？

A 電気代に加えガス代・水道代を含めて節約を。電子レンジならガスコンロと効果を比べる。

台所では電気だけなく、ガスや水道も多用します。そのため、「キッチン家電」の節約を考える場合、電気代に加えてガス代や水道代も念頭に置き、トータルでどれだけお金が浮くのかを計算することが肝心です。

例えば、野菜の下ごしらえに電子レンジを使う、冷凍うどんは常温の水にさらして解凍してから温める、皿洗いでは食器洗い乾燥機を使う（下の図参照）といった工夫で電気代・ガス代・水道代を節約できます。

キッチン家電の中でも電子レンジは、ガスコンロよりも安いコストで食材を調理できることがあるので、うまく活用するといいでしょう。野菜の下ごしらえだけでなく、磁器プレートなどを使って焼き魚を作ったり、スパゲッティーをゆでたり、ゆで卵を作ったり（専用のゆで卵メーカーを使用）することをおすすめします。

炊飯器を使うときは、ご飯を長く保温せずに冷凍し、こまめに自然解凍して食べると電気代を節約できます。

節約効果の高い食器洗い乾燥機は、安価なタイプなら4万～5万円程度で市販されています。持っていない人は購入を検討するといいかもしれません。

食器洗い乾燥機を使うとお得

● 手洗いの場合

年間でガス81.62m³ 使用
年間で水道47.45m³ 使用
➡ **合計年間約2万5,560円**

※ガス代は162円／m³、水道代は260円／m³で計算

● 食器洗い乾燥機の場合

年間で電気525.20kWh 使用
年間で水道 10.80m³ 使用
➡ **合計年間約1万9,090円**

※電気代は31円／kWh、水道代は260円／m³で計算

［手洗いの場合］－［食器洗い乾燥機の場合］＝

合計年間約6,470円の節約

※出典：経済産業省資源エネルギー庁「省エネポータルサイト」

Q27 電気ポットの使用はやめるべきですか？ 使うならどんな節電法がありますか？

電気ポットの節電法には、保温の設定温度を低めにする、外出中・就寝中など長時間使用しないときは電源プラグを抜く、といった方法があります。また、断熱を強化した省エネタイプもあるので、これから購入する場合は消費電力量の少ない製品を選びましょう。

A 使わないのがベスト。使用する場合、長時間使わないときはプラグを抜くのがおすすめ。

お茶やコーヒーを煎（い）れるときの湯沸（わ）かしの方法としては、❶やかんを使ってガスで沸かす、❷電気ケトルを使う、❸電気ポットを使うの3つが考えられます。それぞれガス代・電気代はどれくらいかかるのでしょうか。

最も安いのは、やかんを使ってガスで沸かす方法で、ガス代は1㍑沸かすのに2円程度です。次に安いのは電気ケトルで、電気代は0・8㍑を沸かすのに2・6円程度。そして、最もコストが高いのは電気ポットで、電気代は1日当たり2・2㍑で12〜17円程度かかります。

以上の比較から、**お茶やコーヒーを煎れるたびにやかん、もしくは電気ケトルでお湯を沸かすほうが経済的なので、電気ポットは使わないのがベストです。**

とはいえ、いつでもボタンを押せばすぐに熱湯を注げる電気ポットは便利な家電製品の1つです。節電を心がけるのであれば、電気ポットを使ってもいいでしょう。

湯沸かしのコスト比較

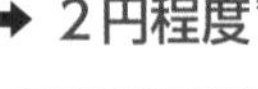

● やかん
1㍑の水を沸騰させるのに必要なガス代
➡ 2円程度*

● 電気ケトル
0.8㍑の水を沸騰させるのに必要な電気代
➡ 2.6円程度

● 電気ポット
2.2㍑の水を沸騰させて保温し、1日使うのに必要な電気代
➡ 12〜17円程度

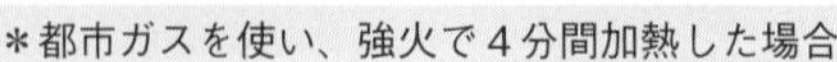

＊都市ガスを使い、強火で4分間加熱した場合

Q28 電気こたつ、床暖房、電気カーペットはどう使うと節電できますか？

A 節電のコツは、電気こたつは熱を逃がさない、床暖房は頻繁に電源をオンオフしない、など。

冬にはさまざまな暖房器具を使用するため、ほかの季節と比べて電気代がかさみがちです。冬の電気代を節約するならエアコンの使い方を見直すだけでなく、電気こたつ、床暖房、電気カーペットといった暖房器具の節電も心がけたほうがいいでしょう。

電気こたつの節電術

こたつ布団に上掛け、敷き布団を組み合わせる
敷き布団と床（フローリング）の間に断熱シートを入れる
こたつを購入するときは、人感センサー付きのタイプ選ぶ
設定温度は低めにする

まず、「電気こたつ」の節電（下の図参照）で**気をつけなければならないのは、できるだけ密封して発した熱を逃がさないこと。**こたつ布団に上掛け、敷き布団を組み合わせたり、敷き布団と床の間に断熱シートを入れたりすると効果的です。

また、電気こたつは消し忘れることが多いので、新しく購入する場合は、人感センサーつきで自動的に電源がオフになるタイプをおすすめします。

次に、「床暖房」の節電（下の図参照）では、**頻繁に電源をオンオフしないことがポイントになります。**床暖房は、冷えている状態から温度を上げるときに最も電力を消費します。一定の温度になればあまり電力を消費しなくなるので、しばらくつけていたほうが効率よく部屋の中を暖められるのです。床暖房の電源を切るのは、就寝の30分前くらいがいいでしょう。

注意点としては、床暖房の範囲内にカーペットを敷い

床暖房の節電術

頻繁に電源をオンオフしない
就寝の30分前に電源を切る
床暖房の一部を分割して温められる場合は、人がいるところだけを温める
敷物、家具でふさがない

たり、家具を置いたりしないことです。床の熱を発する部分がふさがれると、暖房の効率が悪くなります。

「電気カーペット」の節電（下の図参照）で重要なのは、購入するさいに適切な大きさのものを選ぶことです。サイズが大きいほど消費電力量は増えるので、必ずしも部屋の広さと同じものを選ぶ必要はありません。人がいる範囲をカバーできる大きさがあれば十分です。

また、サイズの大きい電気カーペットでも分割して一部を暖められる機能があれば電気代は抑えられます。必要最小限の範囲だけ暖めるようにしましょう。

ところで、床暖房、電気カーペットの熱は天井にこもるので、エアコンを併用したり、サーキュレーターを使ったりすることをおすすめします。暖かい空気が部屋中を循環すれば、暖房の効率がさらにアップします。

電気カーペットの節電術

電気カーペットの節電術
適切な大きさのものを選ぶ
下に断熱マットを敷く
電気カーペットの一部を分割して暖められる場合は、人がいるところだけを温める
設定温度は低めにする

Q29 待機電力は主電源を切れば減りますが、節電効果はありますか？

A 待機電力は消費電力量の5%程度。大半はカットできないが、カット可能な家電もある。

家の中には、ガス温水器、テレビ、電話機、温水洗浄便座、インターホンなど、実際には使っていなくても主電源がつけっぱなしの家電製品があります。この使っていない状態で消費する電力を**「待機電力」**といいます。

待機電力は、家庭の消費電力全体の約5%。電気代が月額1万円なら500円かかる計算になります。では、主電源を切ると節電効果はあるのでしょうか。

待機電力を必要とする家電製品は、常に通電されていないと利便性が損なわれるものが中心です。そのため、待機電力を節約することは現実的ではありません。**例外として、電気炊飯器や電気ポットは長時間保温せず適宜コンセントを抜けば、少しは電気代を節約できます。**

Q30 冷蔵庫や照明器具を買い替えると電気代はどれくらい減りますか？

A 近年は省エネ性能が向上し、冷蔵庫の買い替えだけで年間1万円以上減ることもある。

家電製品を壊れるまで買い替えない人は、節電のチャンスを逃しているかもしれません。家電製品の多くは、省エネ性能が年々向上しており、買い替えることによって電気代を大幅に節約できることがあります。

最初に買い替えを検討するといいのは、24時間休まずに稼働している「冷蔵庫」です。この30年間で最も省エネ化の進んだ家電製品が冷蔵庫といえるでしょう。

下の表をご覧ください。これは過去30年に発売された冷蔵庫の旧製品と最新製品の年間の消費電力量、年間の電気代を5年区切りでまとめたデータです。5年前の旧製品との比較だと年間の電気代は約1360円しか違いませんが、30年前の旧製品との比較では最大3万円以上もの差がつきます。年間の電気代が1万円以上違う20年以上前の古い冷蔵庫を使っている場合には、積極的に買い替えることをおすすめします。

また、**「照明器具」もLEDランプの普及によって電気代が大幅に安くなった家電製品です。自宅の照明器具をLEDランプに替えた場合の節約効果については、Q24の図を参照してください。**

冷蔵庫の年式別比較（年間）

旧製品の年式	最新の冷蔵庫に替えると、どれくらいお得か？
1994年（30年前）	消費電力量を約861〜991kWh 削減、電気代は**約２万6,690円〜３万720円**安い
1999年（25年前）	消費電力量を約501〜591kWh 削減、電気代は**約１万5,530円〜１万8,320円**安い
2004年（20年前）	消費電力量を約361〜431kWh 削減、電気代は**約１万1,190円〜１万3,360円**安い
2009年（15年前）	消費電力量を約241〜301kWh 削減、電気代は**約7,470円〜9,330円**安い
2014年（10年前）	消費電力量を約121〜161kWh 削減、電気代は**約3,750円〜4,990円**安い
2019年（５年前）	消費電力量を約44kWh 削減、電気代は**約1,360円**安い

※容量401〜451ℓの条件で、旧製品とパナソニックNR-E418EX-N（2024年式）を比較

※出典：環境省ホームページ「省エネ製品ナビゲーション しんきゅうさん」

31 エアコンやテレビを買い替えると電気代はどれくらい減りますか？

A エアコンなら年間で数千円程度節約でき、フィルター自動清掃などの便利機能で快適。

夏の冷房、冬の暖房に欠かせない「エアコン」は、常に省エネ性能が意識される家電製品です。実際にエアコンの省エネ性能は、毎年のように向上しています。

下の表は、過去30年に発売されたエアコンの旧製品と最新製品の年間の消費電力量、年間の電気代を5年区切りでまとめたデータです。**最も差が大きいのは30年前の旧製品と最新製品の比較で、年間の電気代は2万円近く安くなります。20年前との比較では約6600円、15年前の比較でも約3470円安くなるので、旧製品を使っている場合は買い替えを検討するといいでしょう。**

最新製品は、省エネ性能が高いだけでなくフィルターの自動清掃機能などの便利機能が搭載されており、快適度がアップすることも利点です。また、経済産業省は2027年までにエアコンの省エネ効率をさらに13・8〜34・7%改善させる省エネ基準を公布しており、最新製品ではさらに電気代がお得になると予想されます。

近年は「テレビ」の省エネ性能も向上しています。環境省によると、**10年前の旧製品と最新製品の比較で32V型液晶テレビは年間の電気代が約775円安く、40V型液晶テレビは約1891円安いと報告されています。**

エアコンの年式別比較（年間）

旧製品の年式	最新のエアコンに替えると、どれくらいお得か？
1994年（30年前）	消費電力量を約644kWh 削減、電気代は**約1万9,960円**安い
1999年（25年前）	消費電力量を約356kWh 削減、電気代は**約1万1,040円**安い
2004年（20年前）	消費電力量を約213kWh 削減、電気代は**約6,600円**安い
2009年（15年前）	消費電力量を約112kWh 削減、電気代は**約3,470円**安い
2014年（10年前）	消費電力量を約81kWh 削減、電気代は**約2,510円**安い
2019年（5年前）	消費電力量を約78kWh 削減、電気代は**約2,420円**安い

※冷房能力 2.2kWh の条件で、旧製品とパナソニック CS-220DAE（一般地仕様。2024年式）を比較

※出典：環境省ホームページ「省エネ製品ナビゲーション しんきゅうさん」

Q32 ロボット掃除機は電気代の節約を考えると使わないほうがいいですか？

A 電気代は1時間の掃除で約1円。掃除の手間が省けるので、積極的に使用するといい。

「ロボット掃除機」は、自走しながらブラシとローラーで床のゴミやほこりを取り除く家電製品です。形は平らで、敷居の低い段差なら乗り越えることもでき、部屋じゅうを移動して掃除してくれます。

では、ロボット掃除機の電気代はいくらかかるのでしょうか。**ロボット掃除機の代表的なブランド「アイロボット（ルンバ）」の場合、1時間掃除する場合の電気代はわずか約1円です。一般的な掃除機では1回の掃除で約3〜5円（10分使った場合）の電気代がかかるので、ロボット掃除機の電気代はかなり割安といえます。**

さらに、ロボット掃除機を使えば掃除の手間が省けることも大きな利点です。毎日2時間使っても年間の電気代は700円程度なので、すでにロボット掃除機を所有しているなら積極的に使ったほうがいいでしょう。

とはいえ、ロボット掃除機にはいくつか難点があります。具体的には、吸引力を「強」に設定すると作動音がうるさい、昇降できる段差が限られる、家具のすき間は掃除できない、ペットとの共存が難しいといったことです。また、ルンバの上位機種など、製品によっては価格が10万円以上することがあります。

ロボット掃除機は電気代が安い

ロボット掃除機の電気代は、１時間の掃除で約１円と安いので、積極的に使うと便利。ただし、吸引力を「強」に設定すると作動音がうるさいなどの難点もある。

電気温水便座の節電法はありますか？これから買うならどんな機種がいい？

A 便座のフタを閉めるだけで大幅に節電可能。使うと瞬時に温水になる瞬間式がおすすめ。

現在、トイレは洋式のシャワー洗浄タイプ（電気温水便座）が主流です。**「電気温水便座」**は、便座を温め、洗浄水を温水にできるばかりか、自動でフタを開閉したり、脱臭したりする多機能な製品もあります。

さまざまな機能が搭載されている電気温水便座ですが、電気代はそんなに高いわけではありません。TOTOが発売しているウォシュレット®アプリコットシリーズの場合、年間の消費電力量は60～103kWh（キロワット時）。電気代は、年額で1860～3193円（1kWh当たり31円で計算）、月額で155～266円となります。

電気温水便座の節電方法は、❶使わないときはフタを閉める、❷暖房便座の温度を低めに設定する、❸洗浄水の温度を低めに設定するの3点です（下の図参照）。特に、フタを閉めることは有効で、年間に約1081円も電気代を節約できます。

これから電気温水便座を買うなら、使用のたびに洗浄水を瞬間湯沸かし器で温める「瞬間式」がおすすめ。ほかに、タンクに温水を貯めておく「貯湯式」もありますが、保温の必要があるため電気代は割高になります。

電気温水便座の節電術

● 使わないときはフタを閉める

➡ 年間電力量34.90kWhを削減
※年間約1,081円（31円／1kWh）の節約
※フタを閉めた場合と開けっぱなしの場合の比較

● 暖房便座の温度を低めに設定する

➡ 年間電力量26.40kWhを削減
※年間約818円（31円／1kWh）の節約
※設定温度を中から弱に下げた場合の比較
夏など冷房期間は設定温度をオフ

● 洗浄水の温度を低めに設定する

➡ 年間電力量13.80kWhを削減
※年間約428円（31円／1kWh）の節約
※設定温度を中から弱に下げた場合の比較
周囲温度は冬などの暖房期間は11度、中間期は18度、夏などの冷房期間は26度

※いずれも給湯式で比較

※出典：経済産業省資源エネルギー庁「省エネポータルサイト」

第3章

ガス代・水道代の節約についての疑問18

▶Q34～51◀

回答者

株式会社オーブレイン代表取締役　CFP
1級DCプランナー　CDA
岡田佳久（おかだよしひさ）

余分なガス代・水道代は風呂・台所・トイレなどの水回りの重点的見直しで一挙に削減

シャワーは
長く使わない！
水道代が
高くなる
何度も追い焚き
しないように
家族で短時間に
集中して入浴する！
ガス代の節約じゃ
ガス代・水道代の
節約のポイントは
風呂をはじめ
洗濯場
キッチン
洗面所
トイレなどの
水回りに気を
配るといい
水回りには
水道だけでなく
多くの場合
ガスを使って
いるからのぉ
ウチは
床暖房も
ガスだわ
洗面所も
ガスを
使って
いるの？
アンタいつも
温水で顔を
洗ってるけど
ガス給湯器で
水を温めて
いるのよ
使うのは
冬場だけに
することじゃ
オレって
ぬるま湯男子
なんだ
シャキッと
しないねぇ

Q34 年金暮らし世帯のガス代・水道代はどのくらいですか？我が家の月1万円は多い？

A 70歳以上の調査では、ガス代・上下水道代ともに月4000円前後で、計8000円程度。

年金生活に入ると、自宅で過ごす時間が増えることから、ガス代や水道代も電気代と同じように高くなりがちです。さらに、最近の物価上昇とともにガス代や水道代も高くなり、家計に多大な影響を及ぼしています。

総務省の家計調査（2022年）によると、70歳以上世帯の平均的なガス代は月額4482円、水道代は3879円（家計に占める割合は計4・16％）。地域差もありますが、ガス代・水道代の合計は月額8360円程度で、もし月額1万円以上なら多すぎるといえるでしょう。

これまで光熱費といえば電気代が中心で、ガス代や水道代はあまり気にしていなかったかもしれません。現役時代とはどのような変化があるのでしょうか。

50歳代の平均的なガス代は月額4953円、水道代は月額4549円で、平均月額は9000円程度です。70歳以上よりも高いのですが、50歳代の家計に占めるガス代・水道代の割合は約3％と低く、あまり意識しない人も多いと思います。

しかし、年金生活になるとガス代や水道代も意識することが重要です。70歳以上世帯の家計に占めるガス代・水道代の割合は約4％と高い傾向にあります。ぜひ節約を心がけましょう。

70歳以上世帯のガス代・水道代

● ガス代・水道代の平均月額と家計に占める割合

	平均月額	家計に占める割合
ガス代	4,482円	2.23%
水道代	3,879円	1.93%

● ガス代・水道代の家計に占める割合の推移

	2018年	2019年	2020年	2021年	2022年
ガス代	2.00%	1.67%	2.14%	2.07%	2.23%
水道代	1.89%	1.52%	2.04%	2.09%	1.93%
合計	3.89%	3.19%	4.18%	4.16%	4.16%

※出典：総務省統計局「家計調査結果（2022年）」

Q35 ガス代・水道代はどの場所に重点を置くと効率よく節約できますか？

A ガスも水も風呂や台所などの水回りで多く使われる。床暖房などのガス器具にも注意を！

ガスや水道は生活の多くの場面で使います。節約するとなると、何から始めればいいのか迷うことでしょう。

特に、風呂や台所などの「水回り」は、水道に加えガスも多く使っています。まず、水回りに重点を置きましょう。水道を特に多く使う場所は、風呂と台所です。トイレや洗濯に使う水は家族の人数が多くなるほど使用量が増え、逆に年金暮らし世帯では少なめになります。

水は流しっぱなしにしても大した量にならないと思われがちですが、実は短時間でも大量に使っています（下の表参照）。流しっぱなしをやめるなど、1回ずつの節水を心がけて毎月の使用量を減らすことが大切です。

ガスの場合、多く使う場所は風呂と台所ですが、見落としがちなのがガス式床暖房です。電気式に比べると光熱費は安いものの、かなりガス代がかかっています。

ガス式床暖房を1日8時間つけっぱなしにするとガス代は月額約3000円、24時間つけっぱなしにすると月額約9000円にもなるのです。なお、ガスファンヒーターを1日8時間つけっぱなしにした場合のガス代も月額約3000円（機器により異なる）になります。具体的な節約法については、Q36以降で見ていきましょう。

家庭での水道・ガスの使い方

●水道の使い方（全体・使用割合）

風呂	トイレ	洗濯	炊事	洗面、その他
43%	20%	16%	15%	6%

※出典：東京都水道局「一般家庭水使用目的別実態調査（2021年度）」

●水道の用途別使用量の目安

用途	使い方	使用量
洗面・手洗い	1分間流しっぱなし	約12リットル
歯みがき	30秒間流しっぱなし	約6リットル
食器洗い	5分間流しっぱなし	約60リットル
洗車	流しっぱなし	約9リットル
シャワー	3分間流しっぱなし	約36リットル

※出典：東京都水道局のホームページ

●ガスの使用目的（複数回答）

調理	給湯	暖房	その他
94.5%	88.6%	33.0%	2.2%

※出典：日本生活協同組合連合会「電気・ガス料金調査（2019年）」

Q36 風呂はどう使うと効率よくガス代・水道代を節約できますか？

A お湯張りタイマーや保温シートを使う、浴槽にフタをする、入浴中は換気扇を止める、など。

風呂は、水・ガスともに最も多く使う場所の1つです。効率よくできる節約法を見ていきましょう。

まず、風呂に「お湯張りタイマー（予約機能）」があれば、これを使います。入浴時間に合わせてお湯を沸かすことができ、沸かす量や温度も設定できるので、ガス代に加えて水道代も効率よく節約できます。お湯張りタイマーがない人は、設置を検討するといいでしょう。

次に、数人で交互に入浴する場合は「保温シート」を使いましょう。風呂上がりに保温シートをお湯に浮かべるだけで熱を逃がさず、お湯を冷めにくくしてくれます。保温力はアルミ素材のものが高いとされており、ホームセンターなどで安く（数百円程度）購入できます。

風呂上がりには、「浴槽にフタをする」ことも忘れてはいけません。保温シートを使うだけなく、きちんとフタをすることで、保温効果はさらに高まります。保温シートとフタをセットで使うと、追い焚き（だ）の回数や時間が減り、ガス代を年間約3000円は安くできるといわれています。

最後に、「入浴中は換気扇を止める」ようにしましょう。換気扇をつけていると暖かい空気が外に排出され、浴室内の温度が下がるため、つい追い焚きをしてしまうからです。特に、寒い冬場には注意してください。

風呂の節約法の例

- **お湯張りタイマーを使う**
  ➡お湯を無駄に沸かさなくてすむ
- **保温シートを使う・浴槽にはフタをする**
  ➡熱を逃がさず、お湯を冷めにくくする
- **入浴中は換気扇を止める**
  ➡風呂場内の温度が下がりにくい

Q37 風呂の追い焚きではガス代を節約するためにどんな注意が必要ですか？

A 冬場は冷たい残り湯を追い炊きするとガス代が高くなる。追い焚き回数を減らすのも重要。

浴槽のお湯を温め直してくれる**「追い焚き機能」**は、とても便利。しかし、便利にはデメリットもつきもので、ガス代については考えるべきところ大です。追い焚き機能をうまく使う方法を見ていきましょう。

追い焚き機能を使うには、残り湯の「温度」と「量」を考える必要があります。

残り湯の温度が高いほど、その分ガス代は安くなります。一方、残り湯の量が多いほど、追加する水が少なくてすむので水道代は安くなります。ガス代と水道代の両方を考慮して、追い焚きの判断をしたいところです。

家族で時間をあけずに入浴するのも大切

寒い冬場には、翌日の残り湯の温度は新たに入れる水の温度よりも低くなることが多く、追い焚きを行うのが得策とはいえません。水を張り替えたほうが節約につながるでしょう。逆に、夏場には残り湯の温度が下がりにくいので、追い焚き機能をフルに活用したいものです。

ただし、**残り湯には日ごと細菌の数が増えていくので追い焚き機能を使うのは2〜3日が限界です。**なお、残り湯を洗濯に使うと、その分水道代が節約できます。

追い焚き機能があると、いつでもすぐ風呂に入れるので、つい風呂を後回しにしてしまいがちです。しかし、いったんお湯を沸かすと、保温するか追い焚きをして温め直す必要があります。**家族が時間をあけずに入浴することも、ガス代の節約につながります。**

追い焚きと水の張り替えの比較

	メリット	デメリット
追い焚き	○残り湯が無駄にならない（水道代の節約） ○夏場は水道代・ガス代の節約になりやすい	×時間の経過とともに細菌の数が増える ×冬はガス代の増加になりやすい
水の張り替え	○衛生的な入浴が可能	×追い焚きよりも、水道代が高くなる

Q38 シャワーは頻繁に使用します。どう使うとガス代・水道代を節約できますか？

A **ガス代は使う水の量に比例する。こまめに止める、設定温度を下げるのが肝心。**

シャワーはを1分間流しっぱなしにすると約12リットルもの水を使います。逆に、家族2人で湯温45度のシャワーの使用を1分間短くするだけで、ガス代・水道代の合計で年間2000～3000円の節約になります。**シャワーはこまめに止めることを心がけましょう。**

家族の人数が多いなどでシャワーの使用が多い場合には、水道代は湯船に浸かるほうが安くなる場合もあります。**シャワーの使用時間はなるべく短くしましょう。シャワーの設定温度を下げることも、ガス代の節約につながります。**ただし、いきなり温度を下げすぎて体調不良を招くようなことがないように、まずは温度を1度下げることから始めましょう。

Q39 節水シャワーヘッドで50%、泡沫アダプターで30%水道代が減るとは本当ですか？

A **本当。ガス給湯器を使っている場合には、水道代だけでなく、ガス代の節約にもつながる。**

水道代やガス代を減らすには「節水シャワーヘッド」や「泡沫(ほうまつ)アダプター」などの節約グッズも有効です。

節水シャワーヘッドは、水の出力を抑えることで水の使用量を減らします。節水率は、通常のシャワーヘッドと比べて30～80%です。節水率が高く、取り替えやすいものを選びましょう。美容効果があるものは数万円もしますが、節水機能のみなら数千円で購入できます。

泡沫アダプターは、台所などの水道の蛇口に取り付けるだけで水の使用量を減らすことができます。節水率30～40%のものが多く、1000円以下で購入できます。

どちらも、水道代だけでなくお湯を使う量も減るので、水道代とガス代の両方の節約になります。

Q40 台所はどう使うとガス代・水道代を節約できますか？

A 揚げ物など高火力を使う料理を控える、電子レンジを使う、お湯の使用を減らす、など。

台所では、泡沫(ほうまつ)アダプター（Q39参照）のほか、細かい工夫でガスや水の使用量を減らすことができます。

高火力で料理をすると、その分、ガスの使用量が多くなります。**高火力が必要な料理の代表は炒(いた)め物や揚げ物ですが、油を多く使うため、調理器具を洗うさいには水も多く使用します。こうした料理を極力控えめにするだけで、ガス代・水道代の節約につながります。**

電子レンジを使えば、食材を内部から加熱するため鍋やフライパンよりも短時間で調理でき、光熱費が安くなります。ガスと電子レンジを上手に使い分けましょう。

水やお湯の出しっぱなしも禁物です。お湯ならガス代もかかるので、できるだけ常温の水を使いましょう。

Q41 食器洗い機を使うと節水できると聞きました。購入しても元が取れますか？

A 光熱費を含め年間6500円程度の節約に。元は取れなくても食器洗いの手間は省ける。

「食器洗い機」は水を多く使うと思われがちですが、最近は省エネ・節水タイプのものが主流になっています。**手洗いする場合と比べ、水の使用量は20％以下。しかも、お湯で手洗いするガス代よりも食器洗い機の電気代のほうが安くなる場合もあります。**一般的に、光熱費は食器洗い機のほうが年間6000円前後安くなります。

とはいえ、食器洗い機の購入費用も考慮する必要があります。**1～3人用なら3万～5万円なので、元が取れるかどうかは使い方によります。**

食器洗い機があれば、食器を洗う手間は大幅に省けます。手荒れの軽減や家事の時間短縮もできるので、こうしたことも考えたうえで購入を検討しましょう。

Q42 ガスコンロでお湯を沸かすと電気ポットより光熱費が安いとは本当ですか？

A 本当。ガスコンロのほうが光熱費は安く、電子レンジや魔法瓶を使えばさらに節約できる。

「電気ポット」は、簡単にお湯を沸かすことができ、長時間の保温もできるので、とても便利です。「ガスコンロ」の場合、お湯を沸かしている間その場を離れることができず、長時間の保温もできません。

便利さでは電気ポットに軍配が上がりますが、節約面ではガスコンロのほうが圧倒的に有利です。1日に約1リットルのお湯を沸かす場合、電気ポットの電気代は保温も含めて12～15円。ガスコンロのガス代は、必要になるたびにお湯を沸かす必要があるものの、5円程度です。

少量のお湯を沸かすなら、電子レンジを使うとさらに節約できます。また、魔法瓶でお湯を保温すると電気代は0円です（朝入れて夕方まで適温を保てるものも多い）。

Q43 底の広い鍋やアルミ鍋を使えばガス代がかなり節約できるとは本当ですか？

A 熱が伝わりやすい鍋を使うとお湯が早く沸き調理時間も短縮できるので、ガス代が減る。

ガス代は、ガスコンロの使用時間を短くするとかなり節約できます。そこで、熱が伝わりやすい形状や素材の鍋を使うといいでしょう。

まず、鍋の形状。底の広い鍋なら、火の当たる表面の面積が広く、ガスコンロの火が鍋からはみ出ることもないので、熱の伝わりがよくなります。

次に、鍋の素材。アルミ鍋なら、熱が伝わりやすいので短時間にお湯が沸きます。また、ステンレス鍋は、アルミと比べると熱の伝わりは遅いものの、一度温度が上がると下がりにくいため、煮込み料理などに最適です。

そのほか、洗った鍋は底をよく拭いてから火にかける、料理中は落としブタを使うといった工夫も有効です。

給湯器はどう使うと効率よくガス代を節約できますか？

A **設定温度を1～2度低くする、料理には水を使う、食器はつけ置き洗いをする、など。**

給湯器を使う場合、主に3つの節約法があります。

❶設定温度を下げる

給湯器は、いったん50度程度の設定温度でお湯を沸かし、風呂や台所のお湯では水を混ぜて温度を調整しています。**設定温度が高いほどガス代が多くかかるので、夏場などは1～2度低めに設定することをおすすめします。**そのうえで風呂は40度程度、台所での食器洗いは30度程度など、お湯の温度を使い分けるといいでしょう。

また、水を使うさいに、うっかりお湯を出して給湯器を点火させることがよくあります。当然、点火させるたびに余分なガス代がかかるので注意してください。

❷料理には水を使う

給湯器で沸かしたお湯を使うと、手間も調理時間も省けます。しかし、コンロで水からお湯を沸かすほうがガス代を節約できます。料理には水を使いましょう。

❸食器はつけ置き洗いをする

食器洗いのさいは、流水ではなく、洗い桶にためた水を使う「つけ置き洗い」がおすすめです。

洗い桶の水の中に食器と洗剤を入れておくと、汚れが落ちやすくなります。また、流水で食器を洗うと大量の水を使いますが、つけ置き洗いなら流水を使うのはすすぐときだけなので、水道代が節約できます。

ちなみに、ガス給湯器は、電気温水器よりも光熱費が安くなっています（下の表参照）。

電気温水器とガス給湯器の比較

	電気温水器	ガス給湯器
設置費用	14万円～	4万円～
1ヵ月間の光熱費	約9,000円	約5,000円
耐用年数	15年～	10年～
シャワーの水圧	ガスよりも低い	電気よりも高い
サイズ	貯湯タンクの分のみサイズが大きくなる	瞬間式であればコンパクト

Q45 ガス給湯器はエコジョーズやエコキュートに替えたほうが節約できますか？

A ガスを使うエコジョーズと電気を使うエコキュートは光熱費を減らせるが、設置費が高い。

最近、お得な給湯器として話題になっているのが「エコジョーズ」と「エコキュート」です。

まず、**エコジョーズは、ガスで加熱するときに出る熱を再利用することで、ガスを効率的に使います。従来型ガス給湯器よりも熱効率は約15%アップし、待機電力は約40%削減することができます。**

最大のメリットは、ガス代を年間約1万円も節約できることです。瞬間湯沸かし式なので湯切れ（お湯が出なくなる現象）が起こらず、飲料水としても使えます。本体サイズはエコキュートよりもコンパクトで、省エネ性も高いといえます。

次に、**エコキュートは、安い深夜電力を使い、空気中の熱を集めてお湯の沸き上げを行います（夜間に沸かしたお湯をタンクに貯め、日中に使用するイメージ）。給湯コストが安く、ガス給湯器の約2分の1です。**

ガスを使用しないので、不具合や地震による火災の心配はなく、被災時にはタンクのお湯を使うこともできます（飲料水には適さない）。使用耐用年数もエコジョーズより長く、一般的に15年程度です。ただし、日中にお湯を使いすぎると、湯切れを起こす可能性があります。

エコキュートとエコジューズは、持ち家で3～4人以上の世帯に向いています。1人や2人の世帯では、光熱費が減った分で設置費用を回収することは難しいでしょう。

エコジョーズとエコキュートの比較

	エコジョーズ	エコキュート
エネルギー源	ガス（＋電気）	電気（大気熱）
設置費用	15万～40万円	40万～60万円
光熱費	従来型に比べてガス代が年間1万円ほど安い	ガス給湯器に比べて約1／2に削減できる
飲料水	適している	適していない
耐用年数	10年程度	15年程度
湯切れ	可能性なし	可能性あり
安全性	火災のリスクあり	火災のリスクほぼなし

Q46 ガスコンロはどう使うと効率よくガス代を節約できますか？

A コンロの掃除をこまめにする、忘れず電池交換することなどで、ガスの無駄遣いが減る。

ガスコンロは、日常のお手入れによってガス代を減らすことができます。 ガスコンロ本体の寿命も延びるので、一石二鳥となります。

ガスコンロのバーナー（火元の部分）には、吹きこぼれや油の飛び散りなどで汚れがつまります。そのまま放置するとコンロの火力が弱くなり、熱効率が悪くなってガスも無駄に消費されてしまいます。こまめに掃除するだけでなく、料理した後はすぐに吹きこぼれや油の飛び散りなどを拭き取るようにしましょう。

ガスコンロの電池交換も忘れてはいけません。 電池が弱くなると火が消えたり、火力が弱くなったりして調理時間が長くなる分、ガスを多く使ってしまうからです。

Q47 洗濯機はどう使うと節水できますか？ 風呂の残り湯を使うのは正解ですか？

A 風呂の残り湯を使う、分類してまとめ洗いをする、一度につめ込まず8割程度に、など。

洗濯機では1回につき8～15ℓの水を使います。洗濯で使う水道代は、年間で約1万円もかかります。

風呂の残り湯を使うことで、おおよそ年間2万ℓもの水を節約できます。 温かい残り湯なら汚れも落ちやすくなります。ただし、衛生面を考えて、前夜の残り湯だけ（数日たった残り湯は不可）を洗濯で使いましょう。

洗濯物を入れる順番も重要です。 最初にズボンなどの重いもの、最後に下着などの軽いものを入れます。下に重いものがあると洗濯機の回転がよくなるからです。

洗濯機には洗濯物を7～8割入れて洗濯するのが、洗浄力と節水効果を高める目安です。洗濯物が少ないときは、2～3日分を1回で洗濯するといいでしょう。

Q48 トイレは1回流すたびに水道代がいくらかかりますか？どう節水すべきですか？

A 小なら2円、大なら3円、1人で1日約11円。大小の区別に加え、節水トイレなどで節約を！

従来型のトイレ（1990年代）では、**1回に使う水の量は洗浄（大）で約13㍑、洗浄（小）で約8㍑です。地域によって異なりますが、大は3・12円、小は1・92円（水1㍑当たり0・24円で計算）。**1人1日当たりのトイレ使用水量は平均45㍑なので、水道代は約10・8円になります。

水道代を減らすには、洗浄の大と小を使い分けましょう。大のときは大レバー、小のときは小レバーでの洗浄を徹底するだけでも、水道代をかなり節約できます。**節水トイレを使うのも効果的です。**1回に流す水の量は大で約4㍑、小で約3・5㍑と少ないので、入れ替えれば、長年使っているうちに節約効果が現れてきます。

Q49 ガスファンヒーターはどう使うと効率よくガス代を節約できますか？

A 設定温度を低めにし、タイマー機能や人感センサー機能を使うと無駄なガス消費が減る。

「ガスファンヒーター」は、ほかの暖房器具よりも素早く暖まるというメリットがあります。1時間当たりのガス代も12～50円で、電気ヒーターよりも低コストです。

ガスファンヒーターを使うさいは、設定温度を低めにしましょう。例えば、外気温6度のときに設定温度を21度から20度に1度下げると年間約1320円の節約、1日の使用を1時間短くすると年間約2050円の節約になります（経済産業省資源エネルギー庁の調査による）。そこで、**タイマー機能や人感センサーを使って使用時間の短縮と切り忘れ防止につなげるといいでしょう。**

フィルターにほこりがたまると運転機能が低下し無駄なガスを使うので、掃除もこまめに行いましょう。

Q50 床暖房は光熱費の安いガスを使っています。さらに安くする方法はありますか？

A オン・オフの回数を減らす、就寝30分前にスイッチを切る、カーペットを敷かない、など。

エアコンなどの暖房機器と違って、温風による乾燥がなく、お手入れや掃除に手間がかからない「床暖房」。ガスによる温水で床を暖める「温水式」と、電気による蓄熱で床を暖める「電気式」があります。温水式のほうが暖まるのが早く、床全体が均一に暖まります。

ガス代を節約するために、こまめに温水式床暖房のオン・オフを繰り返す人がいますが、これは逆効果です。温水式床暖房の場合、つけたままで使うほうがガス代は安くなります。なぜなら、お湯を沸かすときに最も多くガスが使われるため、オンにするたびに大量のガスを使ってしまうことになるからです。

短時間の外出では、温水式床暖房はつけたままにしましょう。長く外出するときは、30分くらい前にオフにすると、その余熱で外出までの間、暖かさが持続します。

タイマー機能も活用しましょう。タイマーで就寝時間にオフとなるように設定すれば、切り忘れが防止できます。また、起床の30分～1時間前にオンとなるように設定しておくと、起きたときに部屋が暖まっています。

なお、**床暖房のある床にカーペットを敷いてはいけません。床から昇る熱がカーペットで遮断されるため、部屋が暖まりにくくなるからです。**暖かくならないからと設定温度を上げると、無駄なガス代がかかってしまいます。

ソファやベッドなどの脚部分がほとんどない家具も、カーペットと似た状況になるので注意してください。

温水式と電気式の床暖房の比較

	温水式（ガス）	電気式
方法	水を暖めてお湯で床を温める	電熱線により暖める
初期費用（リフォーム費）※1	40万～90万円	30万～90万円
	工法（直張り・張り替え）により異なる。直張りのほうが安い	
毎月の費用 ※1・2	3,000～4,000円	3,000～6,000円

※１は広さ８畳の場合、※２は１日８時間運転した場合

Q51 ガス会社を乗り換えるとガス代はいくら安くなるのですか？

A 乗り換える会社で違う。ガス会社と電力会社を1つにすると割引が大きくなることも！

2017年の**ガス自由化**により、都市ガスもガス会社を自由に選べるようになりました。ガス会社を乗り換えてもガスの供給安定性や安全性は変わらず、工事は不要で、今使っているガス器具もそのまま使えます。

光熱費を安くするには、ガスと電気を1つにして契約することが有効です。例えば、関東中心の東京電力エナジーパートナーでガスと電気をまとめて契約すると、東京ガスの一般料金よりも約3％安くなり、電気代も年間約1200円安くなります。また、東京ガスでガスと電気をまとめて契約すると、毎月の電気基本料金と電気使用料金の合計額から0・5％安くなります。

関西中心を展開している関西電力など、ほかの地域でも、電気とガスをまとめることで割引を受けられる事業者が数多くあります。

携帯電話会社のKDDI（au）が運営しているauでんきに加え、ガスもまとめて契約するとガス代が3〜10％安くなります。Ponta（ポンタ）ポイントももらえます。**石油元売り大手のENEOS（エネオス）もガス会社を運営しています。東京ガスエリアで2〜3人家族の場合、ガス代が年間約1850円安くなります。**さらに、ENEOSカードを使うとガス代が月額100円安くなります。

ケーブルテレビ放送事業者のJ：COM（ジェイコム）でもガスを提供しており、ガスとケーブルテレビやインターネット回線をまとめて契約すると年間1320円安くなります。

ガス会社乗り換えの割引の例

◉ **東京電力エナジーパートナー、関西電力、東京ガスなど**
電力会社またはガス会社で電気とガスを１つにまとめて契約すると割引あり。

◉ **KDDI（au）**
auでんきとガスをまとめて契約すると割引あり。

◉ **ENEOS**
ガス代が安くなり、ENEOS カードでガス料金を支払うとさらに割引あり。

◉ **J：COM（ジェイコム）**
ガスとケーブルテレビやインターネット回線をまとめて契約すると割引あり。

第4章

買い物・食費・衣服費の節約についての疑問17

▶Q52〜68◀

回答者

山本宏税理士事務所所長 税理士 CFP

山本 宏（やまもと ひろし）

山本文枝税理士事務所所長 税理士 AFP

山本文枝（やまもと ふみえ）

世界のSDGsを指標に特売品ポイント狙いの余分な買い物や食品ロスを徹底的になくそう！

買いすぎて食品ロスを出すのはもってのほか
LOSS
それに菓子類や酒類などの嗜好品も控えるべきじゃ
必要なものではないしたとえ安くても大量に買えば金額がかさむ
BEER
チップス
ティッシュも1~2箱で十分！まとめて買うとどんどん使ってしまう
実質 数円のポイントのために余計な買い物をするのもどうかのぉ
いわれてみれば確かに…
食品の買い物は週何回？
スーパー
ほぼ毎日ね
日替わりの特売品とポイントデー狙いさ
買い物では必要なものを必要な分だけ買うのが鉄則じゃ
毎日行くとつい余計なものまで買って食費がどんどんかさむ
メモ
なるほどね~
最初からやり直そう
アンタ誰？

ついムダな買い物をしてしまいます。支出を削る簡単なコツはありますか？

A 目的なしに買い物に行かないことが大切。日々の少額の出費を減らすことも効果大。

無駄な出費を減らすコツの第一は、用事もないのに百貨店やショッピングモール、あるいはコンビニエンスストア、ドラッグストア、100円均一ショップなどに行かないことです。必要なもの、買うべきものを決めてから出かけ、予算の範囲内で買い物をしましょう。

第二は、「ラテマネー」を減らすことです。ラテマネーは米国で生まれた考え方で、毎日何気なく使っている少額の出費を意味します。そもそもラテとは、ミルク入りコーヒー（カフェオレ）のこと。1杯500円のラテでも365日毎日飲めば18万2500円の出費になります。1回の出費は少なくても積み重なると大金になることから、少額の出費を抑えることの重要性が意識されるようになったのです。

私たちの生活の中には、さまざまなラテマネーがあり、無意識のうちに無駄な出費をしています。例えば、外出先の自動販売機で買うペットボトル飲料、コンビニエンスストアの弁当、ATMの手数料などです（左の図参照）。こうしたラテマネーを削ると、年間で数万〜十数万円の無駄な出費を簡単に減らすことができます。

ラテマネーの節約で支出を削減

◉ **外出先では飲み物を買わない**

1本150円のペットボトル飲料を週1回買わずにすませ、水筒の水を飲んだ場合

➡ 150円×52週＝年間**7,800円**を節約

◉ **コンビニでは弁当を買わない**

1個529円のコンビニ弁当を週1回買わずにすませ、自炊（200円）した場合

※差額は329円

➡ 329円×52週＝年間**1万7,108円**を節約

◉ **ATMを有料の時間帯に利用しない**

手数料が220円かかる時間帯にATMを利用せず、無料の時間帯に毎月3回利用した場合

➡ 220円×36回＝年間**7,920円**を節約

Q53 菓子や酒類などは特売日にまとめ買いします。節約につながりますか？

A 特売品とはいえ嗜好品のまとめ買いはNG。嗜好品は必要になったつど買うのが鉄則。

菓子や酒類は嗜好品であり、生活の必需品ではありません。ですから、基本的にはまとめ買いをしないで、必要になったつど買うものと心得ましょう。

とはいえ、午後3時に菓子を食べたり、晩酌をしたりすることを楽しみにしている人も多いはず。そのような人は、スーパーの特売日などの買い物をする日と数量を限定して菓子や酒類を安く購入するといいでしょう。

スーパーでは特定の日や曜日に10～20％割引で販売していることがあります。また、商品によっては一定期間だけ数十ポイントが還元される場合もあります。このように**お得なタイミングで菓子や酒類を必要な分だけ買うのであれば、多少は節約につながるでしょう。**

Q54 便利なネットショッピングで買い物の無駄をなくす方法はありますか？

A 必要なものだけを最安値とポイント還元率の高いときに買う、すぐ決済しない、など。

「ネットショッピング」は便利ですが、つい余計なものを買ってしまいがちなのが難点といえます。

ネットショッピングで買い物の無駄をなくす鉄則は、あらかじめ購入する商品を決めてからアクセスすることです。目的もないのにサイトを眺めていると不要なものまでほしくなり、つい無駄な買い物をしてしまいます。

また、ネットショッピングの商品は、価格やポイント還元率が変わることがあります。お得なタイミングを見極めて購入しましょう。

高額商品の購入を検討している場合は、すぐに決済せず数日置くことをおすすめします。2～3日後には気持ちが冷め、購入を見送ることも少なくありません。

Q55 買い物でポイントが貯まるキャッシュレス決済とは何？どれくらいお得ですか？

A 現金を使わずに決済すること。還元率の高い決済手段ならポイントがどんどん貯まる。

「キャッシュレス決済」とは、現金を使わずにお金を支払う（決済する）ことです。**具体的な決済手段には、クレジットカード、デビットカード、電子マネー、スマートフォン決済などがあります**（下の図参照）。

こうしたキャッシュレス決済の利点として、現金を持ち歩く必要がない、お金を財布から取り出さなくてもスムーズに支払いができる、支払った金額に応じてポイントが還元されるといったことがあげられます。

中でも、キャッシュレス決済で還元されるポイントは、現金と同じように支払いに充てられるので、金銭的メリットが非常に大きいといえるでしょう。

ポイントは、どのキャッシュレス決済でも還元されます。一般的なポイント還元率は、0・5〜1％程度。例えば、1000円の買い物なら5〜10円程度のポイントが還元されます。これをフル活用し、ふだんの買い物をすべてキャッシュレス決済にすれば、年間で数千ポイントを貯めることも可能です（還元率0・5％の場合は100万円の買い物で5000ポイントが貯まる）。還元率の高い決済手段を選ぶことをおすすめします。

キャッシュレス決済の種類

❶ クレジットカード
商品やサービスを購入した一定期間後に代金を支払う「後払い式」の決済手段。カード取得に与信審査が必要だが、キャッシュレス決済では最も普及。

❷ デビットカード
商品やサービスの購入時に使用すると、代金が銀行口座からすぐに引き落とされる「即時払い式」の決済手段。カード取得に与信審査は不要。

❸ 電子マネー
専用カード、オンラインサービスなどへお金をチャージをしておき、商品やサービスを購入したときにチャージ額から支払う「前払い式」の決済手段。

❹ スマートフォン決済
スマートフォンに専用アプリを入れ、クレジットカード、電子マネー、銀行口座などを登録して支払う決済手段。店頭でQRコードを読み取り操作する。

Q56 ポイントの種類や選び方、貯め方、使い方をくわしく教えてください。

A **dポイントやVポイントなど多種多様。メインを決め、効率よくポイントを貯めるといい。**

買い物で還元されるポイントには、さまざまな種類があります。スーパーやコンビニエンスストア、飲食店など日常的な買い物の支払いで還元される、ポイントの主な種類を下の表にまとめたので参考にしてください。

それぞれ通常のポイント還元率は0・5〜1・0%ですが、提携のクレジットカードで支払うと還元率がアップすることがあります（Q18の表参照）。できるだけ還元率が高くなる条件で買い物をするといいでしょう。

よく使うメインのポイントを決めておくと、効率よく貯まっていきます。契約している携帯電話会社や、利用する機会の多い店で貯まるポイントをメインにすれば、支払いにも充てられるので重宝します。

ところで、ヤマダデンキ、ビックカメラ、ヨドバシカメラなど家電量販店のポイントは、基本の還元率が8〜10%以上と非常に高いので狙(ねら)い目です（クレジットカード払いは還元率が低く、現金払いは還元率が高い）。家電製品を買うときだけでなく、化粧品、日用品、酒類も家電量販店で購入するといいでしょう。

ポイントの主な種類

ポイント名	通常の ポイント還元率	必要なもの
楽天ポイント	1.0%〜	楽天Edy（アプリ）、楽天カードなど
Pontaポイント	0.5%〜	Ponta（アプリ）、au PAY カードなど
dポイント	0.5%〜	dポイントカード、dカードなど
Paypayポイント	0.5%〜	Paypay（アプリ）、Paypayカードなど
Vポイント	0.5%〜	三井住友カード、Tカード※など
nanacoポイント	0.5%〜	nanaco（アプリ）、nanacoカードなど
WAONポイント	0.5%〜	WAONカード、イオンカードセレクトなど

※Tポイントは2024年4月22日にVポイントへ統合。

Q57 ポイントを効率よく増やして支払いに使う「ポイ活」の裏ワザはなんですか？

A 1回の買い物で複数のポイントを得る「ポイントの多重取り」など、得する方法は多い。

ポイントは、工夫しだいで効率よく増やすことができ、積極的にポイントを獲得する「ポイ活」に励む人も増えています。そんなポイ活の裏技としてにわかに注目を集めているのが「ポイントの多重取り」です。

通常、現金で買い物をする場合は、店頭でポイントカードを提示することで、その分のポイントだけもらえます。一方、キャッシュレス決済で買い物をする場合は、ポイントを二重三重にもらえるのです。

下の図をご覧ください。これは、楽天カードと楽天キャッシュ（楽天Ｐａｙ）によるポイント二重取りの例です。まず、楽天カードから楽天キャッシュに現金をチャージするときに０・５％が還元されます。次に、楽天キャッシュの残額から支払いをするときに１％が還元されます（店頭では楽天Ｐａｙを使用）。このようにクレジットカードと電子マネーを紐づけることによってポイントの多重取りができるというわけです。

ほかにも、スマートフォンのアプリを利用すれば、アンケートに答えたり、毎日歩いたり、レシートを送ったりすることでポイントを獲得することができます。

ポイントの多重取りの例

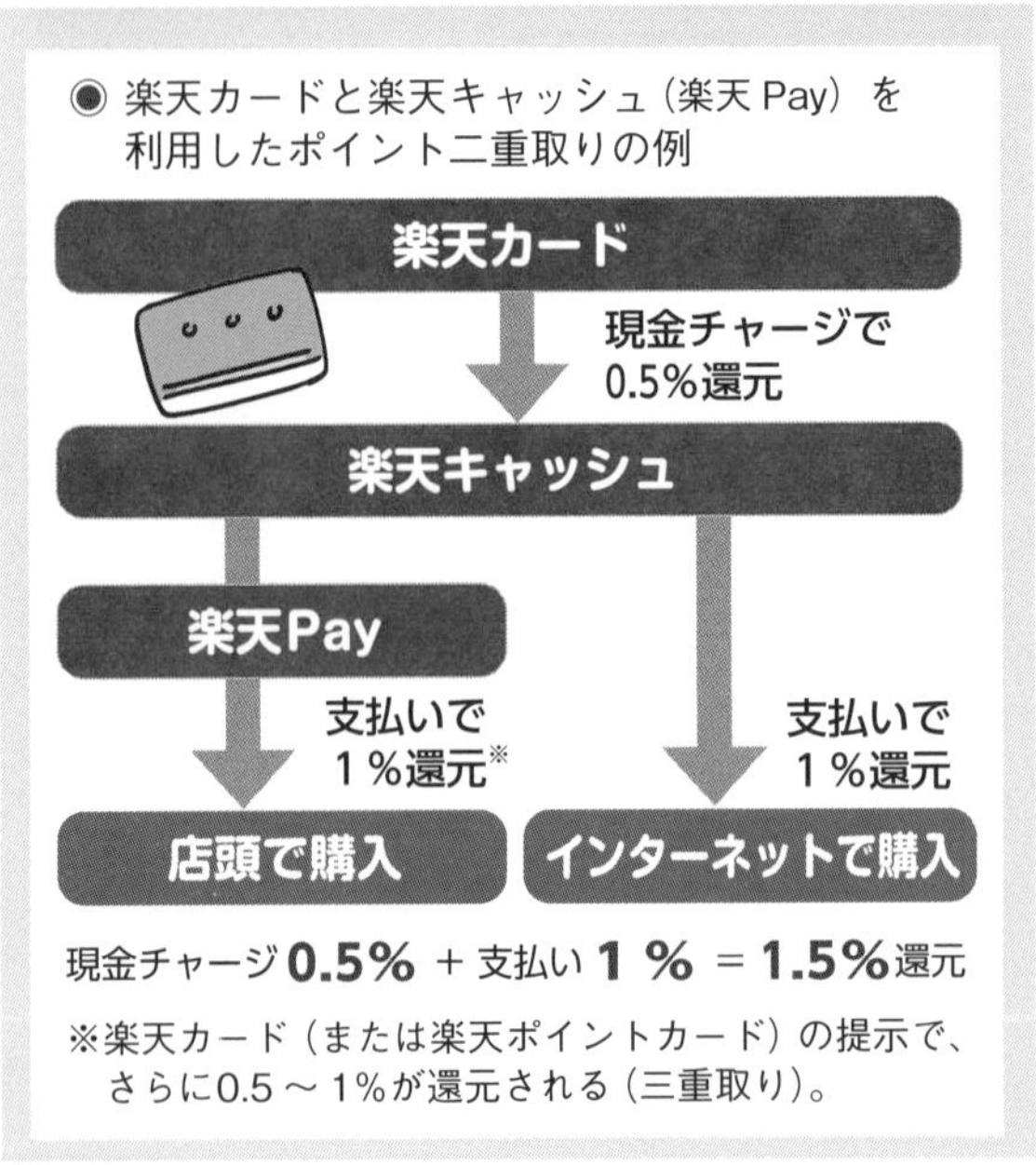

◉ 楽天カードと楽天キャッシュ（楽天 Pay）を利用したポイント二重取りの例

楽天カード
↓ 現金チャージで0.5%還元
楽天キャッシュ
↓
楽天Pay → 支払いで1%還元※ → 店頭で購入
楽天キャッシュ → 支払いで1%還元 → インターネットで購入

現金チャージ **0.5%** ＋ 支払い **1%** ＝ **1.5%**還元

※楽天カード（または楽天ポイントカード）の提示で、さらに0.5～1%が還元される（三重取り）。

Q58 「20%割引」と「10%割引+ポイント10%還元」はどちらがお得ですか?

A 同じ20%割引に見えるが、後者は実質19%割引。ポイント還元併用のほうが割高になる。

最近は、価格の割引のほかにポイント還元のお得感を打ち出す小売店が増えています。中には、「10%割引+ポイント10%還元」といった価格の割引とポイント還元を併用するパターンもあります。では、この併用パターンは、価格の「20%割引」よりもお得なのでしょうか。

実は、価格の割引とポイント還元の併用には数字のからくりがあります。**「10%割引+ポイント10%還元」は価格を10%割り引いた後（価格の90%）にポイントが10%還元されるので、実際は19%の割引になります。つまり、価格の20%割引のほうがお得なのです。**

特に高額商品の場合は、この差が大きく金額に反映されます。価格の割引率を重視するようにしましょう。

Q59 年会費のかかるプレミアムカードを持っています。解約すべきですか?

A カードの特典が年会費に見合わないなら即刻解約を。使いたいとき限定で持つ手もある。

クレジットカードの中で最もポイント還元率が高く、各種保険や空港ラウンジ、ホテルのサービスを受けられるのが「プレミアムカード」です。しかし、**プレミアムカードの年会費は3万〜5万円程度とかなり割高。クレジットカードの支払いが年間200万円未満ならプレミアムカードは解約したほうがいいでしょう。**

ただし、クレジットカードで数百万円の高額な買い物をする予定があるなら、一時的にプレミアムカードに入会するのも一手です。ポイント還元率が1%なら200万円以上の買い物をした場合、通常のポイントに加え特典ポイントも得られるので、収支は少しプラスになります（三井住友カード プラチナプリファードの場合）。

Q60 1ヵ月の食費はいくらにすべきですか？予算内に収めるコツはありますか？

A 1人当たり2・8万円が適正。週に1度のまとめ買い、食材の使い切りなどで達成可能。

総務省統計局「家計調査年報（家計収支編）2022年」によると、全年齢の2人以上の世帯の**「食費」**の平均月額は8万1888円（消費支出は平均29万865円）、単身世帯の食費は4万3276円（消費支出は平均16万1753円）です。

これをエンゲル係数（消費支出に対する食費の割合。適正は15～20％）で見ると、2人以上の世帯は約28％、単身世帯は約27％なので、どちらも食費がかさんでいるといえます。適正な食費は、2人以上の世帯なら月額5万8173円、単身世帯なら月額3万2350円です。

ただし、**年金暮らしをしている高齢者の消費支出は全年齢の平均よりも少なく、1人当たりの適正な食費は月額2万8000円程度。1食分の予算は300円程度となるので、かなりの食費の節約が必要になります。**

具体的には、外食やテイクアウトを極力抑え、なるべく自炊をすることが肝心です。週に1度の食品のまとめ買いや、冷凍庫を活用した食品の効率的な保存、食材を使い切って廃棄ゼロにするなどの心がけで、少なめの予算でもやり繰りできるでしょう。

食品は週1度のまとめ買いにする

食料品の買い出しは、スーパーで週1度のまとめ買いにすると無駄が少ない。肉、魚、野菜などのメイン食材、日配品（牛乳、卵、豆腐など）を計画的に購入して全部使い切る。

Q61 食品ロスをなくして食費を減らすにはどんな方法がありますか？

A 賞味期限の近づいた食品を優先的に消費するのが基本。余った半端な食材は冷凍保存を！

農林水産省は、食品の備蓄法として**「ローリングストック」**を推奨しています。これは、食品を少し多めに買い置きしておき、賞味期限の近づいたものから消費し、その分を買い足して一定量の食品を備蓄する方法です。

本来、ローリングストックは、災害時に備えて食品を確保することを目的としていますが、この手法を徹底すれば食品ロスを減らすことにも役立ちます。

また、**消費しきれずに余った食材は、まだ食べられるうちに冷凍庫で保存しましょう。**肉、魚、野菜など食材ごとに分けて保存袋に入れると管理しやすく、必要なときにすぐ取り出して使えます。ただし、ラップに包んで冷凍庫にポイッと入れておくだけだと、忘れてしまって食品ロスになることがあるので注意してください。

玉ねぎ半個、にんじん3分の1本など、**中途半端に余った食材は、次に料理を作るさいに優先的に使えるように冷蔵庫の目立つ場所に置きましょう。**そのスペースをすぐに調理する食材の専用コーナーにすれば、冷蔵庫を開けるたびに目に入るので、「早く消費しなければならない」と注意が喚起されます。

食品ロスを減らすコツ

◉ ローリングストックを徹底する

ローリングストックとは、賞味期限が近づいている食品を優先的に消費し、その分を買い足すこと。これにより一定量の食品を無駄なく備蓄できる。

◉ 余った食材は冷凍庫に保存する

料理を作ったときに残った肉、魚、野菜などの食材は、保存袋に入れて冷凍庫で保存する。野菜を切った状態で保存しておけば、料理に手早く使えるので、とても便利。

◉ 半端な食材は目立つ場所に置く

少しだけ残った野菜をそのまま野菜室に戻すと、忘れて無駄になることが多い。冷蔵庫の目立つ場所に、すぐに調理する食材コーナーを設けるのがコツ。

Q62 買っていい見切り品、いけない見切り品の見分け方はありますか?

A その日に食べない総菜は半額でもNG。冷凍庫に保存できる食パンや肉、魚が狙い目。

スーパーに行くと、割引された「見切り品」をよく見かけます。しかし、安く買えるからといって、すぐに手を出してはいけません。買っていい見切り品と、買ってはいけない見切り品について説明しましょう。

●総菜

揚げ物、煮物、サラダ、弁当などの総菜(そうざい)は、賞味期限が短く、当日限りであることがほとんどです。**その日のうちに食べるのなら総菜の見切り品はお得ですが、そうでないなら、たとえ半額でも買ってはいけません。**

●パン

菓子パンは、総菜と同じく賞味期限が短いので、その日のうちに食べるのでなければ買わないほうが無難です。ただし、**食パンは冷凍保存すればトースターで焼いておいしく食べられます。冷凍庫に空きスペースがあるなら、食パンの見切り品はお買い得といえます。**

●精肉・鮮魚

肉や魚は冷凍保存ができるので、状態がよければ買ってもいいでしょう。ただし、変色やドリップ(分離して出る液体)が目立つものはさけてください。

●野菜・果物

見切り品となる野菜や果物は、部分的に傷んでいることが多く、日持ちしません。その日のうちに使い切るときだけ、必要に応じて買うといいでしょう。

●日配品(牛乳、大豆製品、卵など)

日配品は、見切り品であっても賞味期限まで数日残っていることが多いので、それまでに食べ切れるならおすすめです。なお、卵は賞味期限が過ぎても、生食せずに加熱調理するのならしばらくは食べられます。

●レトルト食品、インスタント食品

レトルトカレーやカップラーメンは、日持ちするので見切り品があるならお得です。ただし、賞味期限が近づいている場合が多いので購入前に確認してください。

Q63 白菜やトマトなどの定番野菜を使い切るための保存法と切り方を教えてください。

A 白菜やトマトは新聞紙で包んで保存。切り方しだいで極力捨てず使い切ることも可能に。

野菜を無駄なく使い切るためには、できるだけ長持ちさせることが重要になります。

しかし、野菜は、冷蔵庫にポイッと入れておくだけだと、すぐにしおれたり、傷んだりすることが少なくありません。野菜には、それぞれに適した保存法があり、紙に包んで暗所に保存したほうがいい場合もあります。

下の図に、主な定番野菜の保存法をまとめたので参考にしてください。この保存法を心がければ、白菜、じゃが芋(いも)なら、数ヵ月もたせることができます。

さらに、野菜の切り方を工夫することで極力捨てずに使い切ることが可能になります。

例えば、白菜なら、歯ごたえのある白い軸と柔らかい葉を切り分け、白い軸は縦切り、葉はザク切りにして冷蔵庫に保存します。そして、しおれやすい葉から先に消費することで無駄なく使い切れます。

また、長ねぎの青い部分を捨てている人がいるかもしれませんが、縦半分に切ってから斜め細切りにし、水にさらして臭みを抜けばおいしく食べられます。水にさらした後は、ザルに上げて十分に水けを切りましょう。

定番野菜を長持ちさせる保存法

◉ 白菜（丸ごと）➡ 新聞紙で包む
新聞紙１～２枚を横に広げて白菜を転がすように巻き、上下を折り込む。外葉は食べずクッションにする。冷蔵庫に入れず、冷暗所に立てて保存。

◉ トマト ➡ 新聞紙で包む
ヘタを下にしたトマトを新聞紙の端側に置き、転がすように巻いてヘタが上にきたら折りたたむ。冷蔵庫の冷蔵室に、ヘタが下になるようにして保存。

◉ しょうが ➡ 乾いた手拭いで包む
乾いた手拭い（ペーパータオルでも可）を広げて中央にしょうがを置き、四方を折りたたんで包む。密封保存袋に入れ、冷蔵庫の野菜室で保存。

◉ じゃが芋 ➡ 紙袋に入れる
じゃが芋は、土を残したまま紙袋に入れて折りたたみ、風通しのいい暗所に保存。冷蔵庫に入れると低温障害を起こして風味が落ちるので要注意。

64 賞味期限切れの保存食が大量に余りました。捨てるべきですか？

A 賞味期限はおいしく食べられる期間。一般に、その後1～3ヵ月以内に食べれば問題なし。

保存食の「賞味期限」は意外に短く、缶詰なら2～3年、レトルト食品なら1～6年くらいです。保存食の賞味期限の年月日を確認したところ、すでに期限切れだったというケースも珍しくありません。

ただし、**賞味期限とは、その食品の品質が維持されておいしく食べられる期限のこと。賞味期限が切れたからといって、すぐに捨てる必要はありません。**

消費者庁は、賞味期限後に食べ切る目安を「賞味期限（月数）×10分の1×2分の1」としています。この式から換算すると、賞味期限が2年以上なら期限切れから1ヵ月以内、賞味期限が5年以上なら期限切れから3ヵ月以内に食べ切ればいいことになります。

Q 65 低コストの食事を豪華に見せるコツはありますか？

A 多くの食材を使い、少量でも赤や緑など彩りのいい食材を添えると豪華な料理に一変。

食費を節約しようとすると予算が限られてしまうため、おかずは焼き魚、煮物、漬物など低コストの食材で作った地味なものになりがちです。

たとえ低コストでも食事を豪華に見せるコツは、できるだけ多くの食材を使って彩りをよくすることです。

焼き魚のようにメインの食材は1つでも、付け合わせに大根おろし、ミニトマト、少量のパセリなどを添えると見た目が華やかになります。また、刻んだネギや油揚げ、茹（ゆ）でたほうれん草などを個別にタッパーに入れて冷凍庫に保管しておけば、簡単に具だくさんのみそ汁を作れます。冷蔵庫や冷凍庫をうまく活用し、豊富な食材を使って調理できるように工夫しましょう。

Q66 混ぜるだけで一品作れる便利調味料の多くは手作りできるとは本当ですか？

A 市販の便利調味料は調理の手間を省ける分、高コスト。実際は手作りできるものも多い。

最近は、混ぜるだけですぐに料理を作れる手間いらずの「便利調味料」が増えています。特に、中華料理の便利調味料が多く、麻婆豆腐（マーボードウフ）の素、回鍋肉（ホイコーロー）の素、青椒肉絲（チンジャオロース）の素などさまざまなタイプが市販されています。

本来、こうした中華料理は、便利調味料を使わなくても作ることができます。しかし、中華料理では、豆板醤（トウバンジャン）、甜麺醤（テンメンジャン）（中華甘みそ）、オイスターソースなど、日本の家庭ではあまり馴染みのない調味料を多く使うことから、便利調味料が広く普及したといえます。中華料理用の調味料が自宅にあるなら、便利調味料を使わずに料理を作ってみるといいでしょう。便利調味料は値段が割高なので、使わずに料理を作れば、いくらか食費を節約できます。

ところで、市販の調味料には、しょうゆ、めんつゆ、みりん、酢、サラダ油、塩、砂糖、こしょう、トウガラシ、顆粒（かりゅう）だしといった基本調味料を使って手作りできるものが多くあります。

例えば、**和風ドレッシングは、めんつゆ、酢、サラダ油を均等の割合で混ぜれば簡単にできます**（上の図参照）。これに青じそ、しょうが汁、梅肉などを好みで合わせれば、さらに風味がアップします。

和風ドレッシングの作り方

材料

- めんつゆ（濃縮）……大さじ１杯
- 酢………………………大さじ１杯
- サラダ油………………大さじ１杯

作り方

小鉢にめんつゆ（濃縮）、酢、サラダ油を大さじ１杯ずつ入れる。1：1：1の割合で混ぜるのがポイント。

焼き鳥のタレ

材料

- しょうゆ………100ミリリットル
- みりん…………100ミリリットル
- 砂糖……………30グラム

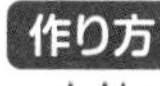

作り方

小鉢にしょうゆ、みりん、砂糖を入れ、砂糖が十分に溶けるまでかき混ぜる。だし汁を加えると丼物のタレに使える。

焼き鳥のタレも、しょうゆ、みりん、砂糖を混ぜるだけで簡単に作れます（95ページ下の図参照）。この焼き鳥のタレをだし汁で薄めれば、カツ丼や親子丼などの丼物にも使えるので、作り置きをしておくと重宝するでしょう。

鍋つゆも、寄せ鍋なら水、しょうゆ、みりん、料理酒、顆粒だし（昆布など和風タイプ）で作れるので、市販品を買うまでもありません（下の図参照）。

ほかに、フレンチドレッシング、焼肉のタレ、浅漬けの素なども基本調味料があれば手作りできます。料理に自信のある人は、いろいろ試してみるといいでしょう。

このように調味料を手作りする場合は、基本調味料を一通り備蓄しておくことが大切です。少し多めに買い置きしておき、減ってきたらまめに買い足すようにしましょう。

鍋つゆの作り方

材料

- 水……………………………800ミリリットル
- 料理酒………………………大さじ3杯
- みりん………………………大さじ3杯
- しょうゆ……………………大さじ4杯
- 顆粒だし（和風）…………大さじ2杯

作り方

鍋に水を入れて火にかけ、料理酒、みりん、しょうゆを加える。中火で沸かしたら、顆粒タイプ和風だしを入れる。

Q67 外食はやめられません。節約をかねてお得に楽しむ方法はありますか？

A 節約の王道は自炊だが、ポイントやクーポンを使えば外食をお得に楽しむことも可能に。

食費を節約するなら**「外食」**をせず、自炊（じすい）に徹することが重要です。しかし、たまには自炊を省いて外食を楽しみたいときがあるでしょう。その場合は、できるだけ現金の支出を抑えるようにすることが肝心です。

外食代の節約法の第一は、ポイントの利用。dポイント、楽天ポイント、Vポイント（旧Tポイント含む）など多くのポイントは飲食店で使えるので、現金を払うことなく、貯まったポイントで外食することも可能です。

第二は、スマートフォン（以下、スマホ）用のアプリを活用すること。大手飲食チェーンは、たいていスマホ用アプリでクーポンを配信しており、それを店舗で使うと一定額の割引を受けられたり、特別価格で安く飲食できたりします。また、アプリ内でアンケートに答えることで割引を受けられることもあります。大手チェーンで外食するときは、スマホ用アプリで配信されているクーポンをチェックするといいでしょう。

第三は、株主優待の利用。これは株式を所有している人が受けられる特典で、大手飲食チェーンなら食事券を年に1～2回もらえることがあります。例えば、吉野家、すかいらーく、マクドナルド、トリドール（丸亀製麺ほか）などです。株価が安くなったタイミングで、そうした銘柄を買うのも一つの手でしょう。

スマホのクーポンがお得

例えば、すかいらーくのスマホ用アプリなら、系列チェーン別にさまざまなクーポンが配信されており、特別価格で安く飲食できる。

Q68 衣服や日用品は捨てる前にもうひと働きできるはず。どんな方法がありますか？

A トイレットペーパーの芯は掃除に使う、フリースの服は窓磨きに使うなど、工夫しだい。

古くなった衣服や日用品、あるいは本来なら捨てている食品の廃棄物は、アイデアしだいで有効に活用できることがあります。その具体的な方法をいくつか紹介していきましょう。

●トイレットペーパーの芯

トイレットペーパーの芯は、たいてい掃除機の先端にはめ込めます。そこで、トイレットペーパーの芯を斜めにカットしてはめ込めば、**狭いスペースのゴミやほこりを吸い取る掃除機用ノズルとして活用できます。**家具のすき間やサッシのレールを掃除するのに便利です。

●フリースの服

フリースは、鏡や窓ガラスをきれいに磨くのに最適な素材です。古くなったフリースの服はハサミで裁断し、鏡拭き、窓拭きに利用するといいでしょう。袖の部分を長めにカットすると、肘の部分まで手を入れられるので作業がやりやすくなります。

●乾燥剤

海苔や菓子に入っている乾燥剤は、靴の湿気取りにおすすめです。乾燥剤2~3袋をストッキングもしくは水切り袋に入れ、靴の中に直接入れるか靴箱に吊るせば除湿できます。タンスの中に入れ、下着やタオル、靴下などの除湿に利用してもいいでしょう。

●ドリップ後のコーヒーの粉

コーヒーには、活性炭と同じような消臭作用があります。そこで、**ドリップ後のコーヒーの粉を乾かして空き瓶に移し、口をラップで覆っていくつか穴を開け、冷蔵庫に入れれば消臭剤として利用できます。靴箱に入れるのもおすすめです。**コーヒーの粉が湿っているとカビが生えるので、あらかじめよく乾燥させてください。

栄養豊富な米のとぎ汁を有効活用する

●米のとぎ汁

米のとぎ汁には、たんぱく質やビタミン類、油分などが豊富に含まれているので、捨てずに活用しましょう。

米のとぎ汁の有効な活用法の第一は、皿洗い。とぎ汁のたんぱく質が界面活性剤（水分や油分を混ぜ合わせる物質）代わりになり、油汚れが落ちやすくなります。

第二は、床掃除。とぎ汁をしみ込ませた雑巾で床掃除をすると、ワックスなしでも光沢が出ます。これは、とぎ汁に油分が含まれているからです。

第三は、草花への水やり。稲作では米ぬかが肥料に使われますが、とぎ汁にも同じ成分が含まれています。そのため、草花への水やりにとぎ汁を用いると、土の状態がよくなり生育が促されます。

第四は、洗顔。とぎ汁に含まれている細かな粒子が皮膚の古い角質を取り除くほか、セラミド（細胞間脂質）、ビタミンB_1などの有効成分の作用で肌がケアされます。

●ミカンの皮

ミカンの皮3個分を電子レンジ（600W）でそのまま加熱すると、油を溶かすリモネンという成分が出ます。加熱後にミカンを取り除き、残った汁を乾いた雑巾で拭くと電子レンジ内の汚れを落とせます。

第5章

医療費・薬代・介護費の節約についての疑問9

▶Q69〜77◀

回答者

山本宏税理士事務所所長 税理士 CFP

山本 宏（やまもと ひろし）

山本文枝税理士事務所所長 税理士 AFP

山本文枝（やまもと ふみえ）

病院や施設に上限額を超えて支払った医療費・介護費は超過分が全額戻って来る

高額療養費制度についても知っておくといいのぉ
1ヵ月間に支払った医療費が上限額を超えると超過分の医療費が払い戻される
上限額はいくら?
所得によって違う例えば月給が26万円以下なら5万7600円じゃ
100万円支払った場合約94万円も戻って来る
インプラントは保険適用外じゃがほかの歯の治療費などは高額療養費に算入できる
介護費にはそんな制度はないのかい?
ずいっ
高額介護サービス費制度がある
1ヵ月間に支払った介護サービス費が一定額を超えると超過分の医療費が払い戻される
サラリーマン世帯の多くは4万4400円が上限となっている
フンフンッ
ほかにも高額医療・高額介護合算療養費制度がある医療費と介護費の両方が高額になったら利用するといい
これでアンタたちがそろって認知症になってもなんとかなりそうだよ
さてデイサービスだ

Q69 医療費や介護保険料はカード払いならポイントがもらえるとは本当ですか？

A 治療代や薬代などの医療費はカード払いができる。介護保険料も自治体によっては可能。

病院での治療代や薬代をクレジットカードで支払えば、支払金額に応じてポイントがもらえます。貯まったポイントは、カードの提携店での支払いなどに充てられるので、とてもお得です。

ただし、すべての病院でクレジットカードが使えるわけではありません。地域の総合病院など、大きな医療機関ほど普及率が高いものの、入院施設のない診療所やクリニック、小さな薬局などでは、クレジットカードが使えないこともあるので、注意が必要です。

自治体によっては、介護保険料をクレジットカードで支払えることもあります。住まいの自治体が対応しているかどうか、確認してみるといいでしょう。

Q70 ジェネリック医薬品に替えると薬代が減りますが、どんな薬も替えられますか？

A 代替できる薬とできない薬がある。代替できれば半額になる薬もあるので医師に相談を！

新薬（先発医薬品）は、長い年月と数百億円以上の費用をかけて開発されるため、独占的に製造販売する権利（特許期間）が与えられています。

ところが、この特許期間が過ぎると、ほかの製薬会社からも同じ有効成分の薬を製造販売できるようになります。これが「ジェネリック医薬品」で、開発費や開発期間が少ない分、先発医薬品より低価格です。**ジェネリック医薬品も、厚生労働省の認可を得て製造販売されており、品質、効きめ、安全性は先発医薬品と同等です。**

ジェネリック医薬品を希望する場合には、医師や薬剤師に相談するか、おくすり手帳などに「ジェネリック医薬品希望シール」を貼っておくといいでしょう。

Q71 通院や検査の回数が多くて医療費がかさみます。減らすことは可能ですか？

A 勝手な判断は禁物なので、医師と要相談。病状の回復によって通院や検査の回数は減る。

医療費を減らしたい場合には、まずは医師や薬局の薬剤師に相談しましょう。自己判断で通院をやめてしまったり、服薬を中断したりすると、症状が悪化して回復が遅れ、医療費がかさむ原因となります。

日ごろから、かかりつけ医を持つことも大切です。紹介状なしで大きな病院を受診すると、費用が余計にかかることがあります。また、同じ病気で複数の医療機関にかかるのも、医療費の増加につながります。

休日や夜間などの時間外は通常よりも高く、医療費が設定されています。**緊急時以外は、平日の診療時間に受診し、ジェネリック医薬品（Q70参照）を利用することで、医療費を抑えることができるでしょう。**

Q72 歯医者代がかさむうえにインプラントをすすめられました。断るべきですか？

A インプラントは保険が利かないので要注意。節約するなら、保険診療の範囲で治療する。

インプラント治療は、基本的には自由診療であり、健康保険の適用外です。治療に使う歯のメーカーにもよりますが、1本につき30万〜40万円程度かかるのが相場で、全額自己負担となるため、高額な治療費を請求される可能性があります。**まずは、歯科医師に保険の範囲内で治療ができないか相談してみてください。入れ歯・ブリッジ・差し歯などであれば保険が適用されます。**

インプラント治療を受けた場合には、確定申告を行いましょう。1年間に支払った医療費の合計が10万円（その年の総所得金額等が200万円未満の場合は総所得金額等の5％）を超える場合には、医療費控除を受けることで、所得税だけでなく住民税の負担も軽減されます。

Q73 高額の医療費を払うと払戻しを受けられますが、どんな手続きが必要ですか？

A 限度額を超える医療費を払うと高額療養費制度が利用可能。健康保険の窓口で手続きを！

高額療養費制度とは、医療機関や薬局の窓口で支払った自己負担額が、その月の1日から月末までの1ヵ月間に所定の上限額を超えた場合、その超過分の金額が後から支給される制度です。この制度を利用した場合の自己負担上限額は、年齢や所得によって異なります（下の表参照）。

例えば、70歳以上で年収が約370万〜770万円の人が、1ヵ月で1

高額療養費制度の自己負担上限額

◉ 69歳以下の人

所得区分	1ヵ月間の自己負担上限額（世帯ごと）
年収約1,160万円超 健保：標準報酬月額83万円以上 国保：年間所得901万円超	25万2,600円＋（総医療費－84万2,000円）×1％
年収約770万〜約1,160万円 健保：標準報酬月額53万〜79万円 国保：年間所得600万〜901万円	16万7,400円＋（総医療費－55万8,000円）×1％
年収約370万〜約770万円 健保：標準報酬月額28万〜50万円 国保：年間所得210万〜600万円	8万100円＋（総医療費－26万7,000円）×1％
年収約370万円未満 健保：標準報酬月額26万円以下 国保：年間所得210万円以下	5万7,600円
住民税非課税者（低所得者）	3万5,400円

◉ 70歳以上の人

適用区分		外来（個人ごと）	1ヵ月間の自己負担上限額（世帯ごと）
現役並み	年収約1,160万円超	25万2,600円＋（総医療費－84万2,000円）×1％	
現役並み	年収約770万〜約1,160万円	16万7,400円＋（総医療費－55万8,000円）×1％	
現役並み	年収約370万〜約770万円	8万100円＋（総医療費－26万7,000円）×1％	
一般	年収約370万円未満	1万8,000円（年14.4万円）	5万7,600円
住民税非課税等	Ⅱ 住民税非課税世帯	8,000円	2万4,600円
住民税非課税等	Ⅰ 住民税非課税世帯	8,000円	1万5,000円

00万円の医療費がかかった場合には、本来であれば、窓口での自己負担額は、3割の30万円となります。

ところが、高額療養費制度を利用すると、自己負担上限額は「8万100円＋（100万円－26万7000円）×1％＝8万7430円」となり、超過分の21万2570円が「高額療養費」として支給されます。医療費の自己負担額を大幅に軽減することができる制度といえるでしょう。

ただし、高額療養費制度の対象となるのは、保険適用の診療に対して支払った自己負担額です。入院中の食事代や差額ベッド代、先進医療にかかる費用などは支給の対象外なので注意が必要です。

高額療養費制度の適用を受けるさいは、自分が加入している健康保険などの公的医療保険の窓口（健康保険組合、協会けんぽの都道府県支部、市区町村役場など）に、高額療養費の支給申請書を提出または郵送することになります。そのさいには、病院などの領収書の添付を求められることもあります。

自分がどの医療保険に加入しているかは、保険証（被保険者証）の表面で確認することができます。

Q74 医療費の自己負担額が20万円超と高く、払えません。どうしたらいいですか？

A 払う前に限度額適用認定証を交付してもらえば、上限額内の自己負担額を払うだけですむ。

高額療養費制度では、いったん自己負担額を自分で支払って、後から払戻しを受けることができる制度です。つまり、いったんは自分で医療費を支払う必要があるため、経済的に大きな負担となります。また、支給されるまでには、診療月から3ヵ月以上かかります。

そこで、**あらかじめ入院することがわかっているなら、加入している公的医療保険から事前に「限度額適用認定証」を発行してもらうといいでしょう。**

この認定証を医療機関に提出しておけば、窓口での支払いを、定められた自己負担上限額（Q73の表参照）までにとどめることができます。一度に用意する金額が少なくてすむのが大きな利点です。

介護費が高額になると払戻しが受けられると聞きました。どんな仕組みですか？

高額の介護費を払うと高額介護サービス費制度を利用でき、限度額の超過分が戻る。

「公的介護保険」は、40歳以上の人が保険料を支払い、要介護になったときには、介護サービスが受けられる制度です。対象となるのは、65歳以上（第1号被保険者）で介護や支援を必要とする人、または40～64歳で老化に伴う特定の病気により介護が必要と認定された人（第2号被保険者）です。

介護サービスを利用するには、市区町村役場の窓口か、地域包括支援センターで「要介護（要支援）認定」の申請を行います。介護の必要性（要介護度）に応じて、要支援1・2、要介護1～5の7区分に分かれており、この区分ごとに支給限度額や、利用できる介護サービスが定められています。また、収入によって1～3割の自己負担割合が決められています。

支給限度額を超えた部分については、全額自己負担となります。ただし、1ヵ月の自己負担が一定額を超えた場合には、「高額介護サービス費」という制度を利用すると、自己負担上限額（左ページ下段の表参照）を超えた分の金額が払い戻されます。

要支援・要介護の区分

区分		目安となる状態
要支援	1	日常生活はほぼ自分でできるが、要介護状態を予防するために一部支援が必要
	2	日常生活に支援が必要だが、要介護に至らずに機能が改善する可能性が高い
要介護	1	立ち上がりや歩行が不安定。日常生活で排泄や入浴など、部分的な介助が必要
	2	自力での立ち上がりや歩行が困難。排泄などで一部または全介助が必要
	3	立ち上がりや歩行などが自力でできない。日常では排泄、入浴、衣類の着脱など、全面的な介助が必要
	4	排泄、入浴、衣類の着脱などの日常生活の全般で、全面的な介助が必要。日常生活能力の低下が見られる
	5	日常生活において、全面的な介助が必要であり、意思の伝達も難しい

居宅（在宅）介護サービスの利用限度額

◉居宅サービスの１ヵ月当たりの利用限度額

区分	利用限度額	自己負担分（1割）	自己負担分（2割）	自己負担分（3割）
要支援1	5万320円	5,032円	1万64円	1万5,096円
要支援2	10万5,310円	1万531円	2万1,062円	3万1,593円
要介護1	16万7,650円	1万6,765円	3万3,530円	5万295円
要介護2	19万7,050円	1万9,705円	3万9,410円	5万9,115円
要介護3	27万480円	2万7,048円	5万4,096円	8万1,144円
要介護4	30万9,380円	3万938円	6万1,876円	9万2,814円
要介護5	36万2,170円	3万6,217円	7万2,434円	10万8,651円

※出典：厚生労働省「居宅サービスの１ヶ月あたりの利用限度額」

高額介護サービス費

◉所得別の自己負担上限額（世帯単位）

設定区分	対象者	自己負担上限額（月額）
第1段階	生活保護を受給している人など	1万5,000円（個人）
第2段階	市町村民税世帯非課税で、公的年金等収入金額＋その他の合計所得金額の合計が80万円以下の人	2万4,600円（世帯） 1万5,000円（個人）
第3段階	市町村民税世帯非課税で、第1段階および第2段階に該当しない人	2万4,600円（世帯）
第4段階	❶市区町村民税課税世帯～課税所得380万円（年収約770万円）未満 ❷課税所得380万円（年収約770万円）～690万円（年収約1,160万円）未満 ❸課税所得690万円（年収約1,160万円）以上	❶ 4万4,400円（世帯） ❷ 9万3,000円（世帯） ❸ 14万100円（世帯）

※出典：厚生労働省パンフレット「高額介護サービス費の負担限度額が見直されます」

Q76

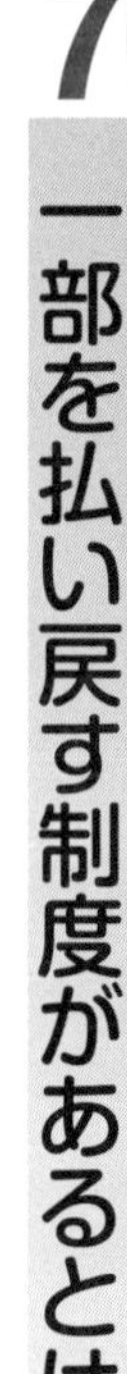

多額の医療費・介護費は合算して一部を払い戻す制度があるとは本当ですか？

A 本当。高額医療・高額介護合算療養費制度といい、利用すると医療・介護の負担が軽くなる。

Q73では、医療費の自己負担額が高額になったとき、年齢や収入に応じて、支払った医療費の一部が支給される「高額療養費制度」を説明しました。Q75では、介護費が高額になった場合に後から払戻しを受けられる「高額介護サービス費制度」を説明しています。

さらに、長期入院や介護サービスなどの利用によって、医療費と介護費の両方を合算した金額が著しく高額になった場合には、「高額医療・高額介護合算療養費制度」（以下、合算制度）を受けることができます。

高額療養費制度と高額介護サービス費制度が、月ごとの自己負担額が高額になった場合に払戻しが受けられるのに対し、この合算制度は、年間の医療費と介護サービス費の自己負担額を軽減できるのが特徴です。

公的医療保険と公的介護保険の1年間（毎年8月1日から翌年7月31日まで）の自己負担額の合算額が、世帯単位で一定基準（自己負担上限額）を超えた場合には、その超過分が「高額医療・高額介護合算療養費」として支給されます。自己負担上限額は、年齢や所得によって定められています（左ページの表参照）。

合算制度の対象にならないこともある

支給額については、左ページに70歳未満のケースと、70歳以上のケースをあげました。参考にしてください。

ただし、以下については合算制度の対象にならないので注意が必要です。

- **医療費・介護費どちらかの自己負担額が0円の場合**
- **支給対象額が500円以下の場合**
- **保険適用外の治療費や差額ベッド代（室料）、食事療養費、施設などでの食事や居住費（滞在費）**
- **高額療養費や高額介護サービス費として支給された額**
- **70歳未満の人で、同じ医療機関に支払った額が1ヵ月で2万1000円以下**

高額医療・高額介護合算制度

◉自己負担上限額（世帯単位）

所得区分		自己負担上限額		
		75歳以上	70～74歳	70歳未満
		介護保険＋後期高齢者医療	介護保険＋被用者保険または国民健康保険	
年収約1,160万円超		212万円		
年収約770万～約1,160万円		141万円		
年収約370万～約770万円		67万円		
年収約156 万～約370万円		56万円		60万円
市町村民税世帯非課税など		31万円		34万円
市町村民税世帯非課税かつ年金収入80万円以下など	本人のみ	19万円		
	介護利用者が複数	31万円		

◉支給額の計算式

◉計算例❶：70歳未満（年収156万～370万円の世帯の場合）

夫（67歳）の年間の自己負担額
医療費：31万円　介護費：8万円

妻（66 歳）の年間の自己負担額
医療費：20万円　介護費：25万円

世帯の年間負担額＝84万円
（医療費51万円＋介護費33万円）

自己負担上限額は60万円なので、「84万円－60万円」＝**24万円が支給**される

◉計算例❷：70歳以上（年収156万～370万円の世帯の場合）

夫（74 歳）の年間の自己負担額
医療費：35万円　介護費：15万円

妻（71 歳）の年間の自己負担額
医療費：22万円　介護費：23万円

世帯の年間負担額＝95万円
（医療費57万円＋介護費38万円）

自己負担上限額は56万円なので、「95万円－56万円」＝**39万円が支給**される

Q77 高額医療・高額介護合算療養費制度の条件や手続きをくわしく教えてください。

A 介護保険の利用者がいる世帯が限度額以上の医療費＋介護費を払った場合に利用できる。

高額医療・高額介護合算療養費制度の対象となるのは、国民健康保険や後期高齢者医療制度などの公的医療保険に加入していて、医療費と介護サービス費の両方に自己負担額があり、1年間（8月1日〜翌年7月31日）の合計額が自己負担上限額を超えた場合です（Q76参照）。

対象となる世帯には、診療を受けた最終月末日（7月31日）の翌年2〜3月に、支給対象世帯であることを通知してくれる市区町村もあります。しかし、通知を送らない自治体もあるので、医療費や介護サービス費が高額になったと感じたときには、自分で自治体に確認してみるといいでしょう。

申請手続きは、国民健康保険と後期高齢者医療に加入している場合は、市区町村が窓口となります。申請には、健康保険証（国民健康保険証、後期高齢者医療証など）と介護保険証に加え、支給されるお金の振込先口座番号がわかる預金通帳などが必要です。

協会けんぽや組合健保などの健康保険（被用者保険）に加入している会社員の場合、まずは市区町村に「支給申請書兼自己負担額証明書交付申請書」を提出すると、「介護自己負担額証明書」が送られてきます。それを添えて、被用者保険の窓口に申請することになります。

ちなみに、この療養費は、医療分が「高額医療合算療養費」、介護分が「高額介護合算療養費」、「高額介護合算介護サービス費」として別々に支給されます。

会社員の申請の流れ

❶ 市区町村に「支給申請書兼自己負担額証明書交付申請書」を提出する

▼

❷ 市区町村から「介護自己負担額証明書」が送られてくる

▼

❸ 申請書に「介護自己負担額証明書」を添えて被用者保険窓口に提出する

▼

❹ 被用者保険から市区町村へ支給額を連絡する

▼

❺ 高額医療・高額介護合算療養費が支給される

第6章

マイカー・趣味・レジャー費などの節約についての疑問11

▶Q78〜88◀

回答者

株式会社オーブレイン代表取締役　CFP
1級DCプランナー　CDA
岡田佳久（おかだ よしひさ）

車はどうしても必要？ 手放すか軽自動車に替えるだけで税金も燃料費も保険料も大幅減

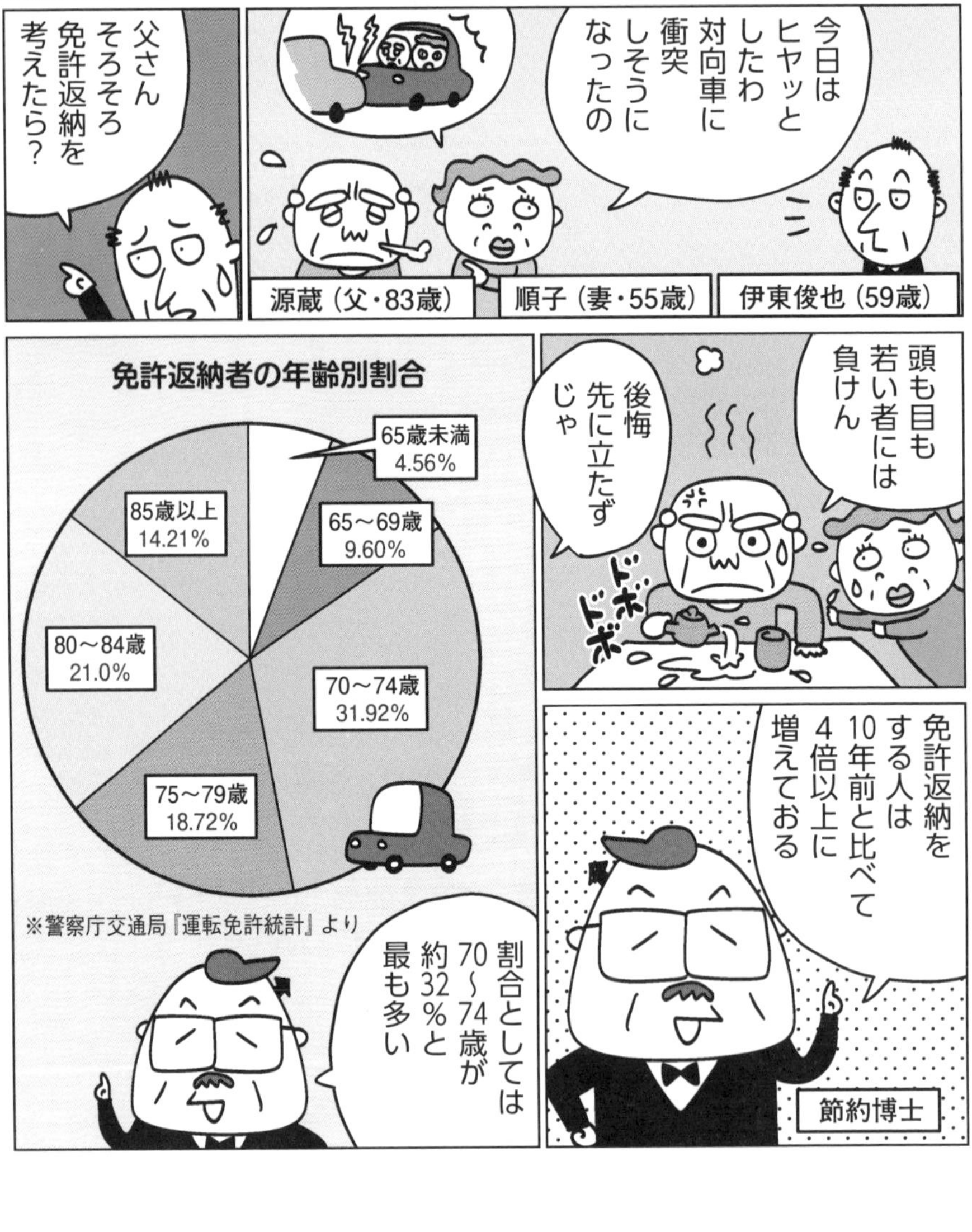

頭も目も若い者には負けん

後悔先に立たず

ドボドボ

免許返納をする人は10年前と比べて4倍以上に増えておる

節約博士

免許返納者の年齢別割合

年齢	割合
65歳未満	4.56%
65～69歳	9.60%
70～74歳	31.92%
75～79歳	18.72%
80～84歳	21.0%
85歳以上	14.21%

※警察庁交通局『運転免許統計』より

割合としては70～74歳が約32％と最も多い

返納するとお得な特典もあるぞ
電車やバスなど公共交通機関の料金生活用品の料金配送料などの割引が受けられる
フーン
車も不要になるから毎月約3万円の維持費がかからなくなる
ワシの愛車は…？
しかしこんな田舎じゃぁ車がないと生活が成り立たないよ
では今の普通自動車を軽自動車に替えるのはどうじゃ？
税金やガソリン代保険料車検代などで年間7万〜8万円は安くなる
毎月6500円程度の節約ねそれでもだいぶ助かるわ
オレも定年後は契約社員だ車を軽自動車に買い替えて運転はオレがやるよ
ワシは愛車とおさらばか
カラじゃ
ワイッ

Q78 車を手放すと維持費はすべて削減できます。手放す目安は何歳ですか？

A 事故が急増する75歳前が1つの目安。手放すと節約効果も大きいので、前向きに検討を！

警察庁の「運転免許統計」によると、2022年に**本人の意思で運転免許を返納した人の割合は「70歳以上80歳未満」が全体の約半分を占めています。**ちなみに、「80歳以上85歳未満」が約21％、「85歳以上」が約14％となっています。

また、警察庁の「交通事故の発生状況」によると、同年の事故発生件数は30歳代から60歳代までがほぼ横ばいの状況であったものの、70歳代から増えはじめ、75歳代から急増しています。**運転免許を返納し、車を手放す年齢は70～75歳が1つの目安となります。**

車を手放すと維持費もかからなくなります。節約効果が大きいので、よく検討してみましょう。

Q79 車は生活に欠かせません。車の維持費を減らすにはどんな方法がありますか？

A 燃費のいい車に替える、税金や保険料の安い車に替える、自動車保険を見直す、など。

車を所有していると、さまざまな**「維持費」**がかかります。維持費にはメンテナンス費用（車検代、オイル・タイヤ・バッテリー交換代など）、走行費用（ガソリン代、駐車場代、高速道路料金など）、税金（自動車税、自動車重量税、ガソリン税など）、自動車保険料（自賠責保険、任意保険）があります。

これらの維持費を減らすと、大きな節約につながります。維持費節約のポイントを見ていきましょう。

❶燃費のいい車に替える

最近のガソリン代の高騰から、以前よりも燃費のいいハイブリッド車を選ぶ人が増えています。ハイブリッド車とは、ガソリンで動くエンジンと電気で動くモーターの2つの動力源を備えた自動車のこと。一般的に、速度が遅く燃費効率が悪いときは電気のモーターで走行し、一定速度に達して燃費効率がよくなるとガソリンのエンジンで走行することにより、燃費を向上させています。

一定要件を満たすハイブリッド車に替えると、「エコカー減税」によって、取得時と初回継続車検時にかかる自動車重量税が最大0円になります。さらに、環境性能割（旧自動車取得税）も最大0円になり、翌年の自動車税・軽自動車税も種別割で減税されます。

❷税金や保険料の安い車に替える

ハイブリッド車の価格は、ガソリン車と比べると20万~60万円の価格差があります。そのため、年間の走行距離が短い人や高速道路をよく利用する人にとっては、節約面ではメリットよりもデメリットのほうが大きくなります。そのような人は、**燃費が比較的よく、税金や保険料も安い軽自動車に替えることも検討するといいでしょう（くわしくはQ80参照）。**

❸自動車保険を見直す

自動車保険には「自賠責保険」と「任意保険（任意の自動車保険）」があります。自賠責保険は強制加入で、どの保険会社でも保険料や補償内容は同じです。ただし、加入期間を12ヵ月から24ヵ月や36ヵ月に延ばすと1ヵ月当たりの保険料は安くなります。

一方、**任意保険は、加入方法によって保険料が異なります。保険代理店で加入する「代理店型」よりも、インターネットで加入する「通販型」のほうが、保険料は割安になります（くわしくはQ84参照）。**

車に関するさまざまな費用

購入時	◉ 車本体の購入費用 ◉ 税金（本体の消費税・自動車重量税・環境性能割・自動車税〈種別割〉） ◉ 車庫証明などの手数料、など
保有・維持	◉ ガソリン代　◉ 駐車場代 ◉ 税金（自動車重量税・種別割〈自動車税〉） ◉ 保険料（自賠責保険・任意保険） ◉ 整備・メンテナンス費用（車検、点検費、タイヤ代、修理費、オイル、エレメント代など）

車種による燃費の比較（一例）

車種	実燃費
トヨタ アクア（ハイブリッド）	25.72km/L
トヨタ プリウス（ハイブリッド）	24.01km/L
スズキ ワゴンR（ガソリン）	20.72km/L
日産 ノート（ガソリン）	14.93km/L

※出典：e燃費より　※一例での比較。使用シーンで燃費は異なる

普通車を軽自動車に買い替えると年間いくらくらい節約できますか？

A ガソリン代や税金、保険料、車検費用などが安くなり、年間8万円以上の節約が可能に！

軽自動車の最大のメリットは、車の本体価格が安いということです。**燃費はハイブリッド車と比べるとやや劣るものの、普通自動車よりも断然優れています。また、税金、任意の自動車保険料、車検費用なども普通自動車と比べてかなり安くなります。**

それだけではありません。オイル交換やタイヤ交換、バッテリー交換などの消耗品代は、軽自動車は普通自動車と比べて2・5〜5割も安くなります。

ガソリン代は、車種にもよりますが、全体的に軽自動車のほうがかなり安くなります。軽自動車の燃費が普通自動車よりも高くなることはまずありません。

駐車場代は、軽自動車のほうが料金の安い駐車場もありますが、一般的に違いはありません。自賠責保険料もほぼ同じといえるでしょう。しかし、トータルで見てみると、普通自動車を軽自動車に替えることで車の維持費が大幅に減ります。

普通自動車に乗っている人は、左の表（軽自動車と普通自動車の維持費比較）で、軽自動車のメリットを確認してみてください。表の項目だけを比較しても、年間約9万円以上の節約が可能です。

年間維持費の比較例

	軽自動車	普通自動車（〜1,500cc）
自賠責保険料	8,770円（2年間で1万7,540円）	8,825円（2年間で1万7,650円）
任意の自動車保険料	5万円	8万円
車検代	3万5,000円（2年間で7万円）	5万円（2年間で10万円）
自動車重量税	3,300円（2年間で6,600円）	1万2,300円（2年間で2万4,600円）
自動車税	1万800円	3万500円
消耗品代	3万円	5万円
合計	13万7,870円	23万1,625円

年間の差額は約9.3万円

※表の金額は、あくまでも一例

Q81 車のリースやサブスクの利用を考えています。メリット・デメリットはなんですか？

A まとまった費用が不要であること。ただし、月々の利用料金がかかるので、よく検討を。

車を購入すると維持費がかかりますが、レンタカーなら不要です。レンタカー以外にも、最近は「カーリース」や「車のサブスク」も登場しています。

カーリースは、自分で選んだ車を一定期間中は自由に使用できる契約です。頭金0円で、毎月一定金額をリース運営会社に支払います。一定金額には車の本体価格や税金・自賠責保険料も含まれているので、まとまった費用は必要ありません。車のメンテナンス代や任意の自動車保険料は契約内容により一定金額に含まれていることもあります。

車のサブスクもカーリースと同じような仕組みになっており、明確な違いはありません。

下の表にカーリースと車のサブスクのメリット・デメリットをまとめました。車を所有する場合と比べてメリットのほうが大きいかどうか検討しましょう。

カーリースと車のサブスクのメリット・デメリット

メリット		デメリット	
◇まとまった初期費用を抑えることができる	購入する場合に必要な車本体の購入費用、消費税、自動車税、自動車重量税、環境性能割、登録費用などの初期費用が不要。	◇原則、中途解約ができない	3年や5年といった契約期間中の中途解約は原則できない。それでも解約する場合、一般的に違約金が発生する。
◇維持費が毎月一定額になる	税金や諸費用（使用するたびに発生する費用）も含めて月々の一定金額が計算される。	◇走行距離に制限がある	1ヵ月当たりの走行距離の上限が設定されていることが多く、超えると追加費用が発生する。
◇車を替えるときの手間がかからない	契約期間終了時には車を返却し、別の車を選んで新たに契約するだけなので、車を替えるさいにあまり手間がかからない。	◇残価精算が必要なことがある	契約時に契約終了時点の想定車両価格を「残価」として設定し、残価を差し引いて月々の一定金額が計算される。契約終了時点で車の状態が悪いと、その差額を請求される場合もある。

Q82 ガソリン代を節約する方法はありますか?

A よく利用するガソリンスタンドのカード会員になるとガソリン代の割引が受けられる。

1円でも安いガソリンスタンドを探す人もいますが、そこまでのガソリン代を考えれば得策とはいい切れません。そこで、おすすめなのが、**よく利用するガソリンスタンドの元売り会社が発行する「ガソリンカード」**(クレジットカードの一種)でガソリンを入れること。**こうすれば、1ℓ(リットル)当たり2~8円安くなります。**

ガソリンカードを検討するさいは、ガソリン代の値引き率、年会費(無料になる条件)、ガソリン以外の買い物のポイント還元率を確認しましょう。

ガソリンスタンド独自で発行する会員カードもあります。ガソリン代だけでなく、メンテナンス費用も値引きされることもあるので、検討してみてください。

Q83 ETC搭載車は高速道路料金の各種割引が受けられるとは本当ですか?

A 本当。高速道路を通行する時間帯で最大50%割引、定額で乗り放題の周遊割引などがある。

ETCは利用率が90%以上で、高速道路や有料道路を利用するさいに現金不要となる便利なシステムです。**多くの「ETC割引サービス」があり、上手に活用すれば高速道路料金をかなり節約できます**(左ページの表参照)。

また、**周遊エリア内なら高速道路料金が定額で乗り放題になる「ETC周遊割引」があり、中には観光施設などとセットされたものもあります。**

例えば、「北関東周遊フリーパス」の場合、群馬県・栃木県・茨城県の高速道路が連続2日間または3日間、自由に乗り降りできます。料金は、首都圏からの出発で3日間なら8500円です。

そのほか、全国各地に期間限定のETC割引サービスも用意されています。

このようなETC割引サービスは、NEXCO（ネクスコ）各社のホームページで掲載されています。これを定期的にチェックしてみるのも、ドライブの楽しみの1つになることでしょう。

ETC割引で高速道路料金が安くなる

❶ 平日朝夕割引

対象車種	すべての車種
対象日時	平日 （祝日以外の月曜日から金曜日） 朝：6時～9時 夕：17時～20時
対象道路	NEXCO東日本・中日本・西日本が管理する地方部の高速道路。宮城県道路公社の仙台松島道路 ※東京、大阪近郊は対象外
割引率	1ヵ月の利用回数が 5～9回で約30%、 10回以上で約50%

❷ 休日割引

対象車種	普通車・ 軽自動車等（二輪車）限定
対象日時	土曜日・日曜日・祝日 ※ゴールデンウィークや お盆休み、年末年始などは 対象外
対象道路	NEXCO東日本・中日本・西日本が管理する地方部の高速道路。宮城県道路公社の仙台松島道路 ※東京、大阪近郊は対象外
割引率	30% （走行距離や割引適用回数の制限なし）

※いずれも、ドラぷら（E-EXCOドライブプラザ）より

Q84 自動車保険は保険料の各種割引があると聞きました。いくら節約できますか？

A 車に乗る人を本人や夫婦に限定する、走行距離を限定するなどで年間約1万円の節約に！

自動車保険の保険料は、事故が起こる確率に応じて計算されます。そのため、運転者数や走行距離を限定することで保険料は安くなります。

例えば、保険契約のさいに運転者を本人や夫婦に限定すると、1人または2人が事故を起こしたときだけが補償の対象となります。当然、限定した運転者以外の人が起こした事故は対象外となるので要注意です。

また、1年間の予想される走行距離を限定すると、保険料が安くなる保険もあります。あまり車に乗らない人は、こうした保険に加入するといいでしょう。

割引のある保険に加入すると、保険会社にもよりますが、保険料は年間1万円程度安くなるでしょう。

85 お金のあまりかからない趣味を始めたいと思います。どんな趣味がありますか？

A 散歩やウォーキングなら費用ゼロ。読書やシニア割引が使える映画鑑賞などもおすすめ。

趣味は人生を豊かにする1つの要素です。ぜひ、お金のあまりかからない趣味を持ちましょう。

おすすめは、散歩やウォーキングです。普段着で行うのであれば費用はかかりません。シューズやウェアを購入しても費用はわずかですし、散歩やウォーキングの仲間ができることもあります。

読書もおすすめです。図書館を利用すれば、新刊を取り寄せてもらうこともできます。新刊にこだわらなければ、格安の中古本を購入するといいでしょう。

そのほか、映画や美術鑑賞など、シニア割引を使ってお得に楽しめる趣味もあります。シニア割引について、くわしくはQ88をご覧ください。

Q86 旅費や交通費は「早割」で安くなると聞きました。どんな早割がありますか？

A 出発日の少し前に乗車券や搭乗券を購入すると新幹線・高速バス・飛行機料金が割引に！

新幹線、高速バス、飛行機ともに出発日よりも早く購入することで**「早割」**という割引が受けられます。

❶新幹線は土曜・休日専用の割引もある

東海道新幹線の「EX早特28ワイド」では、乗車日の28日前までに予約すると、東京⇔新大阪間で運賃が約17%安くなります。乗車日の21日前までに予約する「EX早特21ワイド」、乗車日（土曜・休日限定、2人以上）の3日前までに予約する「EXのぞみファミリー早特3」もあります。ただし、利用には「スマートEX」（年会費無料）の登録が必要です。

❷飛行機は全日空なら最大70%割引

全日空には「ANAスーパーバリュー」があります。

予約は搭乗日の21日・28日・45日・55日・75日前と細かく区切られており、早い予約ほど割引率は高くなります(最大で70%割引)。

日本航空には「スペシャルセイバー」(搭乗日28日前までに予約)があり、割引率は搭乗日や区間で大きく違い、50%以上安くなることもあります。

❸高速バスでも多くが早割制度を実施

JRバス関東には、一部の路線・座席数限定で乗車直前までの購入で割引となる「得割」、乗車日の1日前までの購入で割引となる「早売1」などがあります。 乗車日時や期間により割引率は異なり、最大で30%以上安くなることもあります。

VIP(ビップ)ライナーには、座席数限定で最大50%安くなる早割制度があります(ネット限定)。WILLER EXPRESS(ウィラーエクスプレス)でも「予約順割」を導入しており、バス出発日の3ヵ月前からの販売開始後、先着順で割引率が高くなります(走行距離100キロメートル以上、割引率6~20%引、ネット限定)。

ただし、早割制度では予約変更が制限されることが多いので、ご注意ください。

新幹線の早割の例

●EX早特28ワイド

発売期間	◉乗車日の28日前(23時30分)まで予約可能 ※予約後の変更不可
対象列車設備	◉「のぞみ」普通車指定席 ◉指定列車以外への乗車は不可 ◉席数限定(設定除外日あり)
利用人数	◉最大6名まで。こども用の設定なし
乗車料金	◉東京⇔新大阪・おとな・片道1万2,240円、など

●EXのぞみファミリー早特3

発売期間	◉乗車日の3日前(23時30分)まで予約可能 予約後の変更は手数料無料(差額は必要)で可能
対象列車設備	◉「のぞみ」「みずほ」「さくら」「つばめ」 ◉普通車指定席・グリーン車 ◉指定列車以外への乗車は不可 ◉席数限定(設定除外日あり)
利用人数	◉おとな・こども2名以上で利用可能 ◉最大6名まで。こども用の設定あり
乗車料金	◉東京⇔新大阪・おとな・片道1万2,570円、など

Q87 旅行をお得に楽しめる「シニア割引」にはどんなものがありますか?

A 半額以下になる飛行機代をはじめ宿泊、新幹線、フェリーなど旅行に使える割引が多い。

60歳以上または65歳以上の人限定の「シニア割引」を使えば、お得に旅行を楽しむことができます。

❶飛行機のシニア割引

全日空の「スマートシニア空割」、日本航空の「当日シニア割引」はともに65歳以上の人が対象です。各航空会社のマイレージ会員であれば利用でき、通常運賃と比べると60%以上安くなることもあります。

ほかにも、スカイマークの「シニアメイト1」(60歳以上)、エア・ドゥ「DO(ドゥ)シニア65」、ソラシドエア「65歳からのシニア割」などがあります。

❷電車のシニア割引

JR各社の「ジパング倶楽部(クラブ)」では65歳以上の人が対象です。全国のJR線を営業キロで片道・往復・連続201キロメートル以上利用するときに、乗車券や特急券の利用3回までは20%、4回め以降は30%安くなります(「の

旅行に使える主なシニア割引

移動手段・宿泊	運営主体・シニア割引	対象年齢・割引率など
飛行機	◉全日空「スマートシニア空割」 ◉日本航空「当日シニア割引」	65歳以上の人が対象。マイレージ会員なら60%以上安くなることもある。
	◉スカイマーク「シニアメイト1」 ◉エア・ドゥ「DOシニア65」など	シニアメイトは60歳以上の人、DOシニア65は65歳以上の人が対象。
電車	◉JR各社「ジパング倶楽部」 ◉JR東日本「大人の休日倶楽部ジパングカード」 ◉JR西日本「おとなび会員」 ◉JR九州「ハロー!自由時間クラブ」など	ジパング倶楽部は65歳以上の人が対象で、乗車券や特急券の利用3回までは20%、4回め以降の利用では30%安くなる。また、JR各社では、ジパング倶楽部会員向けに独自のサービスを行っている。
船・フェリー	◉商船三井さんふらわぁ ◉阪九フェリー　など	商船三井さんふらわぁは、60歳以上の人は旅客運賃と乗用車運賃が各5%割引。
宿泊	◉スーパーホテル ◉ワシントンホテル　など	60歳以上の人が対象。スーパーホテルでは、宿泊費が最大20%割引。

※表は一例。ほかにもあるので、インターネットなどで調べてみるといい

ぞみ」「みずほ」の特急料金は対象外）。ただし、年会費は1人3840円が必要です。

また、JR各社では、ジパング倶楽部の会員向けにプラスアルファの割引サービスを用意しています。

例えば、JR東日本では「大人の休日倶楽部ジパングカード」（カード年会費524円）に入会することで、JR東日本全線が1万8800円で5日間乗り放題になるパスが購入でき、JR東日本線・JR北海道線の201キロメートル以上の利用が何回でも30％安くなります。

❸船の旅のシニア割引

商船三井さんふらわぁでは、60歳以上の人は旅客運賃と乗用車運賃がそれぞれ5％安くなります。阪九フェリーでも、65歳以上の人を対象に旅客運賃と乗用車運賃がそれぞれ20％安くなります。

❹宿泊のシニア割引

スーパーホテルの「ゴールデン60歳プラン」では、日・月・金曜日・祝日に限り、通常料金よりも最大20％安くなります。そのほかにも、ワシントンホテルの60歳以上限定の「シニアプラン」など、数多くのホテルや旅館でお得なシニア割引が用意されています。

Q88 テーマパークや映画、美術などレジャーに使える「シニア割引」を教えてください。

A 映画は格安の1300円で楽しめる、美術館や博物館はシニア割引で無料など、盛り沢山。

❶映画館のシニア割引

TOHOシネマズでは、**一般2000円の入館料が、60歳以上の人は1300円になります。**ほかにも、同様に700円割引となる映画館が多いようです。

イオンシネマの「夫婦50割引」では、夫婦どちらかが50歳以上で2人同時に鑑賞すると2人で2200円（一般は1人1800円）になります。

❷美術館・博物館のシニア割引

東京の国立西洋美術館では、65歳以上の人は観覧が無料です。また、東京都庭園美術館では毎月第3水曜日（シルバーデー）のみ65歳以上の人の観覧料が無料となり、東京国立博物館では70歳以上の人は総合文化展の観覧が無料となります。

大阪市内在住の65歳以上の人は、市立の文化施設に無料で入場できます。具体的には、大阪城天守閣、大阪市立美術館、大阪歴史博物館などです。

大阪市以外にも、県や市が運営する文化施設の観覧が無料または割引になる自治体が多くあります。

❸遊園地・テーマパークのシニア割引

東京のよみうりランドでは、65歳以上の人はワンデーパス（1日券）が一般料金よりも1800円安くなり、年間パスなら6300円も安くなります。また、大阪のユニバーサル・スタジオ・ジャパン（USJ）のワンデーパス、長崎のハウステンボスのワンデーパスや年間パスでも割引が受けられます。

❹観劇・落語のシニア割引

65歳以上の人は、東京の新国立劇場でのオペラ、バレエ、演劇などの観劇料が5％安くなります。東京都交響楽団の主催公演の1回券も20％安くなります。

落語の寄席でも65歳以上のシニア割引があり、新宿末廣亭（すえひろ）では当日自由席、大阪の天満天神繁昌亭（はんじょう）では昼席・当日券がそれぞれ300円割引になります。

レジャーで使える主なシニア割引

レジャー施設	運営主体・シニア割引	対象年齢・割引率など
映画館	◉TOHOシネマズ「入館料割引」（多くの映画館で同様の割引を実施） ◉イオンシネマ「夫婦50割引」 など	60歳以上の人は入館料が700円割引になる映画館が多い。夫婦50割引なら50歳以上の夫婦2人で、さらに安くなる。
美術館・博物館	◉国立西洋美術館「観覧無料」 ◉東京都庭園美術館「シルバーデー割引」	65歳以上の人は観覧料が無料（シルバーデー割引は毎月第3水曜日のみ無料）。
	◉東京国立博物館「総合文化展観覧無料」	70歳以上の人が対象。
	◉大阪市立の大阪城天守閣、大阪市立美術館、大阪歴史博物館「観覧無料」 など	大阪市内在住の65歳以上の人が対象。他の自治体にも同様の割引が多い。
遊園地・テーマパーク	◉よみうりランド「パスポート割引」 ◉ユニバーサル・スタジオ・ジャパン「1デイ・スタジオ・パス割引」 ◉ハウステンボス「パスポート割引」	65歳以上の人はワンデーパス（1日券）が割引になる。よみうりランドとハウステンボスには年間パスポートもあり、これならさらに割引率が高くなる。
劇場・寄席など	◉新国立劇場「観劇料割引」	65歳以上の人は観劇料が5％割引。
	◉東京都交響楽団の主催公演「チケット割引」	65歳以上の人は1回券が20％割引。
	◉新宿末廣亭、天満天神繁昌亭「入場料割引」 など	新宿末廣亭は当日自由席が、天満天神繁昌亭は昼席・当日券が、それぞれ300円割引。

※表は一例。ほかにもあるので、インターネットなどで調べてみるといい

第7章

削ると効果大！
住居費・保険料の節約についての疑問12

▶ Q89〜100 ◀

回答者

山本宏税理士事務所所長 税理士 CFP

山本 宏（やまもと ひろし）

山本文枝税理士事務所所長 税理士 AFP

山本文枝（やまもとふみえ）

住居費や保険料は1回見直すだけで自動的に毎月減り、暮らしがもっと楽になる

うちのアパート来月から家賃が5000円の値上げだ
厳しいワ
持ち家の人なら住宅ローンの繰上げ返済という手があって住居費が月々5万〜6万円は減るのよね
定年前に完済する人が多いみたいね
旗手大陸（62歳）
玲子（妻・58歳）
藤本クメ（隣の奥さん）
賃貸じゃ住居費の節約もできないなぁ…
安い物件に引っ越すことじゃ
ん？
引っ越し？簡単にいうなよ
業者に払う費用だってバカにならないわ
節約博士
引っ越し業者の都合に日程を合わせる1ヵ月前に予約するといった方法で引っ越し代は節約できる
でも今より安い物件なんて見つかるかなぁ

自治体が運営する公営住宅やUR都市機構が管理する公団住宅が狙い目じゃ
家賃が安く礼金手数料更新料もかからん
公営住宅は所得の低い人が対象で家賃補助もあるから1人暮らしの年金生活者にもおすすめじゃ
そりゃアタシだよ
人気が高くて抽選だが年に数回募集されるから3回や4回の落選は覚悟して応募してみるといい
ほー
公団住宅は低所得者向けの住宅ではないが入居条件はゆるくほとんどの物件は先着順なので入居しやすい
検討してみるか
住居費は「固定費」という定額の支出なので削減することが難しい
その反面削減できれば節約効果は非常に大きいのが特徴じゃ
同じく固定費である生命保険料なら入院や手術特定の病気などを保障する「特約」をやめるだけでも保険料は安くなる
一度すでに加入している生命保険を見直してみるといい
フンフン
ただし保険外交員や代理店に頼らずよく勉強して自分で判断することが肝心じゃ
はーい
さらば

Q89 家賃を減らすために引っ越しをする予定です。コツや注意点はありますか？

A 家賃を減らせば大きな節約につながる。ただし、物件によっては出費が増えるので要注意！

家賃を減らすために引っ越しをするなら、引っ越し先の物件選びには、いくつかのポイントがあります。

◉新築や築年数の浅い物件を選ばない

新築や築年数の浅い物件は人気があり、家賃も高めに設定されています。**中古物件であっても、きれいにリフォームされていたり、2DKの間取りを1LKに改装されたりしていれば、新築のような使い勝手のいい物件に割安で住むことが可能です。**築年数だけで選ばず、実際に物件に足を運んで確かめてみましょう。

◉人気エリアや急行の停車駅を選ばない

「住みたい町ランキング」で上位になるエリアや、急行の停車駅は、ほかに比べて家賃が割高です。急行から1つ先の各駅停車の駅、本線から支線に乗り換えた1つめの駅など、家賃相場が割安の駅周辺の物件を探すといいでしょう。急行の停車駅で下りて1駅歩くことを習慣にすれば、健康増進にもつながります。

◉駅から歩けない物件を選ばない

駅から遠くて、ふだんはバスなどを利用する物件は、生活スタイルによっては割高になることがあります。例えば、週に1度バスの最終便に乗れずにタクシーを利用した場合、1回のタクシー代が2500円なら、月に4回利用で計1万円もの出費になってしまいます。

◉日当たりは悪くてもよすぎても光熱費がかかる

日当たりの悪い物件は、どんなに家賃は安くても、冬には暖房を長時間使うため、光熱費が高くなります。逆に、日当たりのよすぎる物件も、近年の温暖化気候のために、夏にはエアコンの冷房が効きにくく、光熱費が高くなってしまいます。**最近は、電気代やガス代などの光熱費も高騰しているので、日当たりについても意識して物件を選びましょう。**

Q90 引っ越し代は割安プランや早割で安くなると聞きました。どんな仕組みですか？

A 業者の都合に引っ越し日時を合わせる、1ヵ月以上前に予約をする、などで割安に！

引っ越しは、午後や夕方、あるいは業者の指定した日に行う「割安プラン」の利用で料金が安くなるケースがあります。ただし、時間指定ができず、引っ越しが夜までかかる可能性があることを心得ておきましょう。

また、1ヵ月以上前に引っ越しを予約すると「早割」が適用されることがあります。

業者を探すときは、インターネットの「引っ越し業者比較サイト」を利用すると、各業者から大雑把（おおざっぱ）な見積書がメールで届きます。その中から2～3社を選んで自宅を訪問してもらい、正確な見積書を出してもらうといいでしょう。複数の業者から見積もりを取っていることを伝えると、料金を割引してくれることもあります。

Q91 マンションの管理費を下げるにはどんな方法がありますか？

A 管理組合の合意が必要だが、管理会社を替える、照明をLEDにするなどで引き下げ可能。

マンションの住居費には「管理費」と「修繕積立金」があります。管理費は、共用部分の電気代や水道代、管理会社の委託料など、日常的な管理に必要な費用のこと。修繕積立金は、十数年に1回行う大規模修繕工事などに備えて長期的に毎月積み立てていく費用です。

管理費を削減するには、委託費用の安い管理会社に切り替える、共用部分の照明をLEDに取り替える、管理人の常駐管理を隔日管理へ切り替える、植樹を手入れの少ない品種に変更する、防犯カメラなどの割高なリース製品を購入へ切り替えるといった方法があります。

ただし、管理費の変更には、総会で区分所有者（管理組合の構成員）の合意を得る必要があります。

Q92 マンションの大規模修繕を行うと固定資産税が半分に減るとは本当ですか？

A **2回め以降の修繕工事をするとマンション長寿命化促進税制の対象。税金は最大50％減！**

マンションを長期的に維持・管理するには、十数年に1回は**大規模修繕工事**を行う必要があります。しかし、建築資材などの工事費用の値上がりによって、多くのマンションで修繕積立金が不足しています。

マンションの寿命は平均65〜70年ですが、大規模修繕工事を適切に行うことで、その寿命をさらに延ばすことができます。逆に、修繕積立金が不足して大規模修繕工事が遅れると、水もれが発生するなどして老朽化がどんどん進んでしまいます。外壁がはがれ落ちたり、廃墟化したりして、周囲への悪影響も生じかねません。

ところが、マンション管理組合による修繕積立金の値上げや大規模修繕工事には、区分所有者の合意が必要であり、その合意をなかなか得られないのが現状です。

そこで、全国のマンションの大規模修繕工事を促進し、建物の寿命を延ばすことを目的に、2023年度の税制改正により創設されたのが**「マンション長寿命化促進税制（固定資産の特例措置）」**です。

この特例では、事前に認定を受けたマンションで2回め以降の長寿命化工事が実施された場合、翌年度の建物部分の固定資産税額が6分の1〜2分の1の範囲内で軽減されます（減税率は各市区町村の条例で決まる）。これにより、大規模修繕工事に向けた管理組合の合意につながることが期待されています。

対象となるマンション

【適用条件】

- 築後20年以上
- 戸数が10戸以上
- 長寿命化工事の実施に必要な積立金を確保している
- 過去に1回以上の長寿命化工事を実施している

※長寿命化工事とは、屋根防水工事や床面防水工事、外壁塗装等工事のこと

【対象となる工事】

2023年４月1日から2025年３月31日までの２年間に実施された、２回め以降の長寿命化工事。

Q93 住宅ローンは金利の安いローンに借り換えるべきですか？

A 金利だけでなく固定か変動か、現在のローンの残りの返済期間や返済額も考えて検討を！

金利の高い住宅ローンを借りている人は、金利の低いローンに借り換えると、毎月の返済額や総返済額が減る可能性があります。**一般に、以下3つの条件を満たした場合には、毎月の返済額や総返済額を大幅に減額できる可能性が高く、借り換えをするメリットがあるといわれています。**

条件❶借り換え後の金利差が年1％以上
条件❷住宅ローンの残高が1000万円以上
条件❸残りの返済期間が10年以上

借り換え後の金利差が年1％以上あっても、住宅ローンの残高が1000万円以下で残りの返済期間が短い場合には、借り換えによるメリットが十分現れない可能性があるので注意してください。

借り換えのさいには、金融機関に支払う手数料や保証料をはじめ、司法書士の手数料、印紙税、抵当権設定登録免許税などの諸費用がかかります。これらを含めた総返済額で借り換えを検討しましょう。

また、**借り換えようとする住宅ローンの金利が、固定金利と変動金利のどちらなのかの確認も必要です。**変動金利は、当初は低く設定されていても、市場金利が上昇すると、住宅ローン金利も上昇します。一方、固定金利は、借り入れた時点の金利が続きます。今後は金利が上昇するという予測もあり、慎重に検討してください。

住宅ローンの種類

◉ 固定金利型

住宅ローンを借りている間、金利が一律で固定されており、月々の返済額も常に一定。

◉ 変動金利

固定金利よりも金利が低く設定されていても、半年に1度見直されて、利息の負担や返済額が変わる（変更後の返済額の上限は1.25倍まで）。

◉ 固定期間選択型

金利が3年、5年、10年など一定期間は固定（固定期間）され、期間終了後は、その時点の金利で再び固定期間を設定するのか、変動金利に変えるのかを選択する。

Q94 住宅ローンを繰上げ返済すると住居費が月3万円も減ります。行うべきですか？

A 減る金額は人それぞれ。60歳を超えて繰上げ返済をするなら余裕資金を充てるのが鉄則！

「繰上げ返済」とは、住宅ローンの毎月返済やボーナス返済とは別に、借入残高の一部または全部を返済することをいいます。

60歳を超えてから繰上げ返済をする場合は、余裕資金で返済を行うことが鉄則となります。子供が大学を卒業していて教育費がかからない、家のリフォームも当面は必要ないなど、しばらくは大きな支出が控えていないことも事前に確認してください。

60歳以降は働き方が変わり、それまでの収入が維持できなくなることも考えられます。繰上げ返済で毎月の返済額を軽減するのか、返済期間を短縮するのか、よく検討するといいでしょう（Q95参照）。

Q95 繰上げ返済は返済額軽減型と期間短縮型のどちらが節約効果大ですか？

A 期間短縮型に軍配！ 返済額軽減型は月々の返済は楽になるが、利息はあまり減らない。

繰上げ返済には、住宅ローンの返済期間の満了前に、借入残高の全額を返済する「繰上げ完済」と、一部を返済する「一部繰上げ返済」の2種類があります。

繰上げ返済を行うと、繰上げ返済額はすべて元本に充てられ（元金返済の前倒し）、その分の支払利息がなくなるため、総返済額を効率的に減らすことができます。豊富な余裕資金があるなら、繰上げ完済がベストです。

一方、一部繰上げ返済は、毎月の返済額を変えずに返済期間が短縮される「期間短縮型」と、返済期間はそのままで毎月の返済額が少なくなる「返済額軽減型」に分かれます。繰り上げて返済した金額は元金に充てられるので、返済額軽減型よりも期間短縮型のほうが、総返済

一部繰上げ返済のタイプ

◉期間短縮型

毎回の返済額はそのままで
返済期間が短縮される

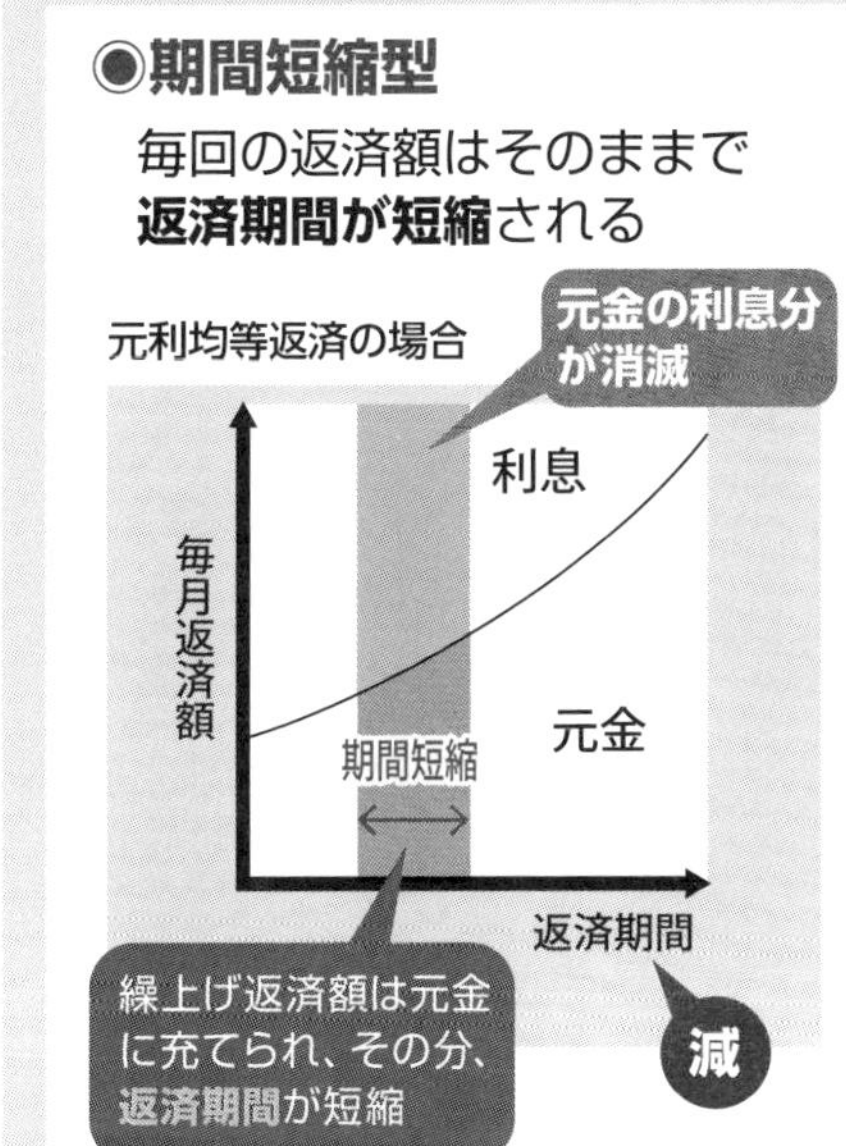

◉返済額軽減型

返済期間はそのままで
毎回の返済額が軽減される

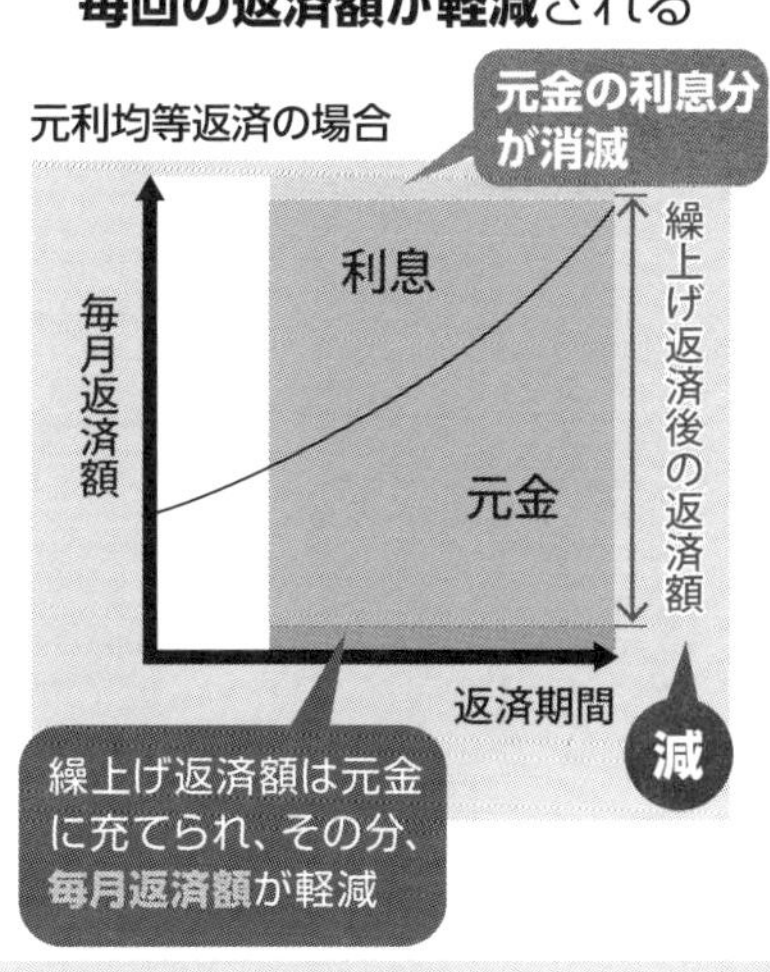

額を軽減する効果は大きいといえます。仮に、毎月の返済額が5万円の場合、返済額軽減型で4万円に減らすと住居費は月々1万円減り、期間短縮型なら完済後の住居費は月々5万円減るため、節約効果は絶大です。

住宅ローン控除の適用要件に注意しよう

住宅ローンを借りてから数年しかたっていない人の場合、期間短縮型の繰上げ返済を行うと、「住宅ローン控除」の対象外になることがあるので注意してください。

住宅ローン控除は、ローン残高の一定割合が所得税額から控除されるため、返済期間を短縮することで適用されなくなってしまいかねないからです。

また、繰上げ返済は早く行うほど効果が大きいと思われていますが、必ずしもそうとはいえません。住宅ローン控除の期間が終了した後に行ったほうが、ローンの総返済額を減らす効果が大きくなることもあります。

繰上げ返済には、ほとんどの場合、事務手数料がかかります（インターネットバンキングで手続きをする場合は無料となることもある）。こまめに一部繰上げ返済を繰り返すと、手数料が多くかかるので注意しましょう。

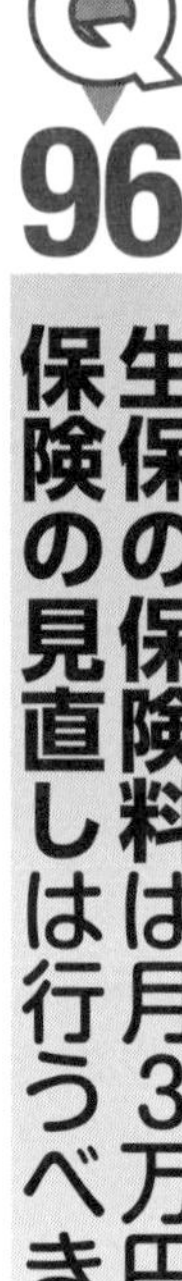

Q96 生保の保険料は月3万円を超えます。保険の見直しは行うべきですか？

A 月3万円は多すぎる。死亡保障が適切かどうか見極め、余分な保険は満期が来たら解約を。

「生命保険」は、被保険者が死亡または高度障害状態になった場合に、契約時に定めた死亡保険金が受け取れる保険のこと。万が一のさい、遺された家族の生活費を保障するために備える方法の1つです。

子供が小さいうちは多額の保障が必要です。しかし、子供が独立し、定年退職後や年金の受給開始後には必要な保障額も減少するので、「生命保険の見直し」を行うといい、とされています。生命保険の見直しを行うさいには、主に3つのポイントがあります。

❶加入している保険は必要か、死亡保険金の額は適切か

子供が経済的に独立していれば、数千万円もの死亡保険金は不要です。「葬式代に充てられる程度の保険金を受け取りたい」「貯蓄で賄えるから保険は不要」など、今の自分に万が一のことがあったとき、保険金は必要か、必要ならその金額はいくらかを検討しましょう。

❷保障が重複していないか

保険の主契約だけに目を向けず、これに付加されている「特約」も見直しましょう。特約で重複しやすいのが医療保険、個人賠償責任保険、先進医療保険などです。

❸保険料を払いすぎていないか

現在の収入に対して払っている保険料が多すぎる場合は、見直しが必要です。複数の生命保険に加入しているなら、解約して数を減らす、受け取れる保険金を減額するなどして、月々の保険料の負担を軽減しましょう。

ちなみに、生命保険文化センターの生活保障に関する調査（2022年度）によると、生命保険に加入している60歳代の平均的な年間払込保険料は、18万2000円と報告されています。これを月額にすると約1万5200円です。ご質問の月額3万円の保険料は、平均の倍くらいに相当するので、保険料を払いすぎているといえるでしょう。今の自分に必要な生命保険金について、よく検討してみましょう。

Q97 保険の見直しは生保外交員や保険代理店に任せても大丈夫ですか？

A 転換の手法に要注意。保険に加入し直すと月々の保険料が減っても損することが多い。

保険の「転換」とは、現在契約している保険の積立部分や積立配当金を下取り（転換）して、新しい契約の保険料に充てる方法です。毎月の保険料は減っても、これには現在の保険の解約返戻金が組み込まれるなどして、実質的な負担は減らないことが少なくありません。

毎月の保険料は転換時の年齢・保険料率で計算され、予定利率も決まります。30年ほど前の終身保険の中には予定利率が４％に近いものもありますが、現在は１％前後です。予定利率を知りたいときは、保険会社に問い合わせると確認できます。

保険外交員や保険代理店に任せず、自分で損得を判断し、継続するか解約するかを検討するといいでしょう。

Q98 加入している生命保険すべてに医療特約がついています。解約すべきですか？

A 解約すべき。特約保険料は安いが、複数加入なら年々重複した無駄な出費が積み重なる。

生命保険に付加される**「医療特約」**をつけていると、不慮の事故や病気で入院したり、所定の手術や放射線治療をしたりしたときに給付金を受け取ることができます。単独で医療保険に加入して保険料を支払うことに比べると、特約の保険料のほうが安いため、生命保険に医療特約をつけている人も多いでしょう。

しかし、**割安とはいえ、いくつも特約をつけていると、月々かなりの特約保険料を払うことになります。保障が重複していることも多いので、その分を解約すれば、削りにくい月々の固定費を減らすことができます。**

また、日本では医療費の多くを健康保険で補填（ほてん）できる（Q99参照）ので、無駄な医療保険は見直しましょう。

Q99 持病のある人も80歳まで申し込める医療保険には加入すべきですか？

A 通常、医療保険は不要。医療費は健康保険で補えない分を預貯金で補填するのが鉄則！

日本では、健康保険などの公的医療保険への加入が義務づけられています。これにより、病気やケガで治療・入院・手術を受けたときに窓口で支払うのは、実際の医療費の3割（70歳以上は1～2割）となっています。

さらに、1ヵ月間に払った医療費が自己負担上限額を超えると、**「高額療養費制度」**の対象となり、超えた分が支給されます（Q73参照）。**自己負担上限額は、年齢や収入によって異なり、70歳未満で年収が約370万円以下なら、自己負担上限額は5万7600円で、それ以上の預貯金があれば医療費を支払うことができます。**

こうしたことから、民間の医療保険に入らず、医療費が必要なときは預貯金で賄うという考え方もあります。

Q100 掛捨て型の生命保険は65歳前後の加入なら得と考えます。加入すべきですか？

A 掛捨て型は一定年齢までに死亡した場合に払われる保険。保険料が安いので一考ありかも。

生命保険を保険料で比較すると、一生保障が続く**「終身型」**よりも、保障期間のある**「定期型」**のほうが割安となっています。また、満期保険金が受け取れる**「貯蓄型」**よりも、一定年齢までに死亡すると保険金が支払われる**「掛捨て型」**が割安です。ただし、人の寿命は誰にもわからないので、どれが得かは一概にはいえません。

現実問題としては、生命保険に加入するさいは健康状態の告知義務があり、高齢になると健康面で加入できないことがあります。そこで、**告知項目が少なく、持病や入院・手術の経験のある人でも入りやすい「引受基準緩和型」の生命保険に目を向けるのもいいでしょう。ただし、一般の生命保険と比べて保険料は割高です。**

第8章

通信費・受信料・新聞代の節約についての疑問12

▶ Q101～112 ◀

回答者

株式会社オーブレイン代表取締役　CFP
1級DCプランナー　CDA
岡田佳久（おかだ よしひさ）

スマホやインターネットの契約・使い方を少し変えれば通信費は格段に安くなる

固定電話もパソコンも固定費じゃから減らすと節約効果は絶大じゃ
一方なかなか削れないのがモバイル回線のほうじゃ
スマホは必需品
解約されたら生きていけない
しかしスマホ代は月平均で1万2000円と格段に高い
どうしたらいいの？
手間はかかるが格安スマホに替えれば半分以下に抑えられる
データ量が20GB（ギガバイト）なら月額3000円程度に抑えることも可能じゃ
20GBかまあなんとか
動画見るからそれくらいないとね
私たちは3〜5GBあれば十分ね
なら1000円近くにまで下がるプランもある
契約しだいでスマホの固定費はぐんと減る
使い方で通話料やデータ通信料などの変動費を抑えることも可能じゃ
出た！「変動」！
なな！
はいはい

Q 101 通信費にはどんな種類がありますか？何から優先的に節約すべきですか？

A 家庭内での通信費は固定回線とモバイル回線の主に2種類。まずはスマホ代から着手を！

総務省の「情報通信白書（２０２１年度）」によると、固定電話と携帯電話料金の合計は、年間平均で12万１８２５円と高く、家計を圧迫する要因になっています。

通信費は、家庭で使う固定電話とインターネット回線の「固定回線」、携帯電話やスマートフォン（以下、スマホ）、持ち運びができるモバイルルーターの「モバイル回線」の大きく2つに分けられます。

中でも最優先に節約をしたいのが、スマホ代です。**毎月のスマホ代が5000円以上の人は、まずはスマホ代の見直しを行うといいでしょう。**

見直し方の手順は、以下のとおりです。

通信費の種類

- ◉ **固定回線**
  - ・固定電話
  - ・インターネット回線
- ◉ **モバイル回線**
  - ・携帯電話
  - ・スマートフォン
  - ・持ち運びできるモバイルルーター

手順❶自分の契約内容を確認する

契約しているスマホ事業者のマイページで、データ使用量（メールの送受信や動画の視聴などで使用したデータ量）、通話料、オプションなどを確認します。マイページにアクセスできない場合には、全国にある携帯ショップで教えてもらいましょう。

手順❷自分に合った料金プランを選ぶ

よく電話をかける人は、どれだけ会話しても一定の通話料金しかかからない「通話かけ放題プラン」をつけるといいでしょう。契約している料金プランのデータ使用量に対して実際のデータ使用量が少ない場合は、データ使用量の少ない料金プランにすれば、スマホ代を抑えることができます。

手順❸不要なオプションを外す

契約内容に使わないオプションが含まれていたり、気がつかないうちに契約していたりすることがあります。チェックして、不要なオプションは解約しましょう。

Q 102 最も通信費がかかるスマホ代の節約法にはどんなものがありますか？

A 格安SIMへの乗り換え、Wi-Fiの活用、通話アプリの活用など、主に3つがある。

スマホ代の節約には、Q101で述べた方法のほかにも、「格安SIM（格安スマホ）」への乗り換えという方法があります。格安SIMとは大手通信事業者（ドコモ、au、ソフトバンクなど）より安い料金で契約できるスマホのこと。大手通信事業者から回線を借りることで開発コストを抑え、安いスマホ代を実現しています。

ただし、格安SIMは、通信が不安定で速度も遅いとされています。格安SIM事業者は店舗数も少なく、近所に店舗がない場合は、自分で乗り換えの手続きや設定を行わなければなりません（Q103参照）。自分で行う自信のない人は、窓口で対応してくれる店舗数の多い大手の事業者を選ぶといいでしょう。

また、自宅でスマホやタブレットを利用するさいは、「Wi-Fi」を活用しましょう。自宅にインターネットのWi-Fi環境があれば、データ使用料が抑えられるので、スマホ代の節約につながります。

長電話をしたり電話を頻繁に使ったりしても、通話かけ放題プランはもったいない、通話料は抑えたいという人は、「通話アプリ」を利用するといいでしょう。

通話アプリとは、SNS（インターネット上のコミュニティサイト）で、インターネットを経由して通話ができるシステムで、同じアプリ間での通話料は無料です。通話だけでなく、ビデオ通話ができるものもあり、離れた家族や友人との間で活用されています。

スマホ代の節約法

格安SIMへ乗り換える

大手通信事業者から安い料金で契約できる通信事業者の格安SIMに乗り換える。

Wi-Fiを活用する

自宅にインターネット回線のWi-Fi環境がある人は、自宅でスマホやタブレットを使うさいには、必ずWi-Fiを活用する。

通話アプリを利用する

インターネットを経由して、SNSの同じアプリどうしで会話やビデオ通話ができる。同じアプリ間なら通話料は無料。

Q103 スマホ代が安くなる格安SIMへの乗り換えにはどんな手続きが必要ですか?

A 自分に合ったプランやスマホを店員と相談しながら選べる。料金は半額以下になることも。

「格安SIM(格安スマホ)」への乗り換えは、以前はインターネット上から申し込む方法が中心でした。最近は格安SIM事業者の店舗数が徐々に増えているので、スマホの設定が苦手な人や、店頭で自分に合った料金プランを相談しながら決めたい人は、最寄りの店舗を探してみるといいでしょう(店舗の場所は各事業者のホームページで確認できる)。なお、来店には事前予約が必要なこともあります。

では、**実際に格安SIMに乗り換える手順を説明しましょう。店舗で手続きする場合には、以下の手順のほぼすべてを店員が行ってくれます。**

手順❶格安SIMで使うスマホを用意する

今のスマホを使いつづける場合は、乗り換え先で使えるかどうかを確認します。2021年9月以前に発売されたスマホは、現在契約中のスマホ事業者で「SIMロックの解除」という手続きが必要な場合があります。

手順❷MNP予約番号を取得する

MNP予約番号とは、電話番号を変えずに乗り換えるさいの手続きに必要な番号で、現在契約中のスマホ事業者で取得します。

手順❸必要書類を用意して手続きを行う

本人確認書類(運転免許証、マイナンバーカードなど)などの必要書類を用意し、手続きを行います。必要書類は事業者によって異なります。

❶~❸は、格安SIM事業者のホームページからでも行えます。その場合は、手続きが完了して数日後に通話や通信に必要なSIMカードが郵送されてくるので、これを自分でスマホ本体に挿入しなければなりません。

手続きのさいは、わかりにくい専門用語が多用されるなど煩雑に感じるかもしれませんが、乗り換えによりスマホ代が半分以下に減るケースもあります。大きな節約につながるので、ぜひ検討してみてください。

Q 104 通信機器を無線でつなぐWi-Fiはどう使えばスマホ代を節約できますか？

A 自宅で動画を見るときにWi-Fiを使えば、モバイル通信よりも通信量が格段に減る。

インターネットの動画は通信量が多く、スマホ代の増加を招きます。**自宅で動画をよく見る人は、スマホやパソコンをインターネット回線でつなぐ通信機器の「Wi-Fiルーター」（以下、ルーター）を設置して無線でつなぎ、スマホ代を抑えたいものです。**

ルーターの利用にはスマホの設定が必要です。一般的に、スマホの「設定」⬇「無線メニュー（または無線とネットワーク）」⬇「Wi-Fiをオンにする」⬇「利用するネットワーク名を選ぶ」⬇「パスワードを入力する」で完了です。ネットワーク名（SSID）やパスワードはルーターの背面などに記載されています。

通信量の目安

◉ **WEBサイトの閲覧**
→約16MB/1時間（40ページ閲覧）

◉ **メール送受信**
・文字のみ・300字程度
→約5KB/1回
・写真添付
→約3MB/1回

◉ **動画の閲覧**
→約500MB/1時間（中画質）

◉ **SNS音声通話**
→約20MB/1時間

割安の料金プランに変えることも可能に

自宅でスマホを使うときは、スマホの電源を入れると同時にルーターの電源も入れる習慣をつけましょう。ルーターの電気代は、1ヵ月つけっぱなしで使用しても300〜700円程度です。ルーターを利用すると、月に何十GBものデータ通信量が削減できるので、スマホの契約をデータ通信量の少ない料金プラン、つまり割安の料金プランに変更できるかもしれません。

外出先でも、カフェや商業施設、新幹線などには無料で使える「フリーWi-Fi」があるので、上手に活用したいものです。ただし、フリーWi-FiはWEBサイトの閲覧であれば問題ありませんが、セキュリティ面の問題から、ネット銀行などのお金のやり取りをするサイトの使用はさけたほうがいいといわれています。

Q105 スマホの通話料は通話アプリをどう使えば節約できますか？

A 長電話になりがちな人は、LINEなどの通話アプリを使うと通話料を大幅に減らせる。

通話は、スマホの「通話アプリ」を利用すれば通話料が無料になります。

通話アプリには「LINE（ライン）」「SkyPhone（スカイフォン）」「FaceTime（フェイスタイム）」「Skype（スカイプ）」「Messenger（メッセンジャー）」などがあります。**通話するには、自分と相手が同じアプリをインストールする（取り込む）ことが必要です。**

いつもスマホで電話をしている相手に、通話料が無料になるツールとして通話アプリをすすめてみるといいでしょう。長電話をする相手なら、お互いに通話料の大幅な節約につながります。ただし、通話分の通信量が必要になるので、インターネット回線の「Wi-Fi（ワイファイ）」を使用してください（Q104参照）。

Q106 パソコンのインターネットはあまり使っていません。解約すべきですか？

A ほとんど使わない、調べものはスマホという人は、解約すると大幅な節約につながる。

自宅のパソコンでさまざまな情報を得たり調べたりするために、毎月5000円以上のインターネット回線料を払っている人は多いでしょう。自宅でスマホを使って調べものをするさいにも、このインターネットに「Wi-Fi（ワイファイ）」（Q104参照）で接続すれば、スマホで直接インターネットに接続するより料金は安くなります。

しかし、パソコンで**インターネットはあまり使わない、調べたいことはスマホで十分という人は、毎月のインターネット回線料は不要です。解約すると年間6万円以上の節約になります。**ただし、プロバイダ（回線をつなげる事業者）のメールアドレスが使用できなくなっても問題ないかなどを確認したうえで解約しましょう。

Q107 スマホがないのでインターネットは必要です。節約する方法はありますか？

A プロバイダの乗り換え、スマホとセットで契約、不要なオプションを外すなど数多い。

自宅のインターネット回線料を節約したい場合、まずは、現在のプロバイダ（回線をつなげる事業者）の契約内容を確認します。インターネット回線料には月額利用料金の中に、動画やテレビ、有料のサポートサービスなどのオプション（追加サービス）の利用料金が含まれていることがあります。**使ってないサービスや、ほかで代用できる不要なオプションは、迷わずに解約して月額利用料金を引き下げてください。**

オプションの解約だけでは節約効果が少ないなら、利用料金が安いプロバイダへの乗り換えを検討するといいでしょう。プロバイダの利用料金は、インターネットの比較サイトなどで調べることができます。

どのプロバイダがいいか判断できないときは、家電量販店で相談するのも1つの方法です。多くの家電量販店では、プロバイダ契約の申込窓口を設けており、契約に関する不明点などをわかりやすく説明してくれます。また、店舗ごとにお得な割引キャンペーンを行っていることもあります。

なお、プロバイダによっては、最低利用期間や更新月を定めている場合があります。最低利用期間を過ぎる前や更新月以外で解約すると、解約金が発生することがあるので、注意が必要です。乗り換え先のキャンペーンと比較しながら検討しましょう。

回線料の節約法

❶プロバイダ契約を見直す
月額利用料金のほかに、使ってないサービスやほかで代用できるオプションは解約する。

❷プロバイダを乗り換える
オプションの解約だけでは十分な節約効果が得られないときは、プロバイダの利用料金を比較し、安いところに乗り換える。

❸家電量販店で相談する
家電量販店で、不明点などを店員に相談する。

Q108 固定電話はあまり使いません。詐欺の電話も心配なので、解約すべきですか？

A メリット・デメリットを考慮して検討を。固定電話を解約すると年間2万円以上もの節約。

現在では、固定電話を使う機会がかなり少なくなりました。使っていない固定電話にも基本料金が毎月発生しており、解約を検討している人も多いでしょう。

固定電話を解約する最大のメリットは、毎月2000円前後の基本料金がなくなることです。また、**固定電話には、しばしばセールスや詐欺の電話がかかってきますが、解約することでこれらをブロックできます。**

デメリットは、クレジットカードなどの各種登録の連絡先を固定電話にしていると、変更手続きが必要になることです。また、固定電話にかけてくる親戚や友人への連絡も必要になります。解約か継続か、メリットが大きいのはどちらかをよく考えて、決めてください。

Q109 スマホがないので固定電話は必要です。節約する方法はありますか？

A インターネットの環境があるならIP電話などがお得。電話代が半額以下になることも。

固定電話の月額利用料金を節約するには、まず、キャッチホンや転送サービスなど、あまり使っていないオプションサービスを解約する方法があります。

インターネット回線を使っていて、光回線なら「ひかり電話」に乗り換えるのもいいでしょう。基本料金が半額以下になる場合があり、通話料は通話先の地域を問わず3分8・8円と割安です。電話番号の引き継ぎ、110番や119番への緊急通報も可能です。

「IP電話」もインターネット回線を使用した電話サービスで、毎月の電話代が半額に減ることもあります。ただし、電話番号を変更しなければならず、緊急通報ができないIP電話もあるので注意してください。

Q110 NHKの番組はほとんど見ません。受信料は払わなくてもいいですか？

A 受信料の支払いはテレビなどを持つ人の義務。払わないと法的措置を取られることに。

放送法第64条には「NHKの放送を受信できるテレビを設置した者は、NHKと受信契約をしなければならない」との規定があります。つまり、テレビがあれば、NHKの放送を見ていなくても、放送受信契約を結んで受信料を支払う義務があるのです。

さらに「不正な手段により受信料の支払いを免れた」などの場合、割増金が請求されます。支払いを拒みつづけると法的措置が取られ、裁判になることもあります。

ただし、地上波放送も衛星放送もほとんど映らないテレビや、ネット動画だけが視聴できるチューナーレステレビなら「NHKの放送を受信できる受信設備」に該当しないので、受信料を払う必要はありません。

Q111 NHKの受信料は支払方法を変えると減りますが、いくら節約できますか？

A クレジット払い、半年払い・年払い、ケーブルテレビを通しての支払いなどで節約できる。

NHKの受信料は、支払方法を工夫すると割引を受けることができます。

●クレジットカードで支払う

NHKの受信料も買い物の購入代金などと同様に、クレジットカードで支払うと、ポイントがついてお得です。一般的なクレジットカードであれば100円に対して1ポイント（1円）がつきます。なお、以前はクレジットカードでの支払いでは受信料が割引されていましたが、2023年10月から廃止されています。

●12ヵ月または6ヵ月分を前払いする

NHKの受信料は原則2ヵ月ごとの支払いですが、12ヵ月分（1年分）をまとめて支払うと約7％安くなります（6ヵ月分なら約4・4％安くなる）。衛星契約にも前払制度があり、割引率はほぼ同じです。

●団体でまとめて払う

ケーブルテレビの加入者や、マンション管理組合・町内会などの団体には、衛星契約の15人以上がまとまって受信料を支払う「団体一括支払い」があります。団体を通じて受信料を支払うことによって、1件当たり月額180円安くなります。なお、ケーブルテレビ会社の中には、この制度を取り扱っていないところもあるので、確認が必要です。

団体一括支払いを行う場合にも前払いができ、12ヵ月前払いと併用すると約10％も安くなります。つまり、NHKの受信料を最も安くする方法は「団体一括支払い＋12ヵ月前払い」です。

団体一括支払いができない人は、「クレジットカード払い＋12ヵ月前払い」を行うといいでしょう。

Q112 新聞は毎日欠かさず読んでいます。節約する方法はありますか？

A 全国紙を地方紙に替える、夕刊をやめて朝刊のみにする、購読料をカードで払う、など。

朝刊と夕刊を購読している場合には、**朝刊のみに切り替えることで毎月700～1000円程度安くなります。**紙面ではなく、スマホやパソコンの画面で十分という人は、**デジタル版に切り替える方法もあり、新聞社によっては半額以下になることもあります**（デジタル版のみの購読はできない新聞社もある）。

また、全国紙から地方紙に切り替えることで、購読料が節約できる場合もあります。地方紙は、その地域に関するニュースが充実しているので、まずは試読（無料で試し読み）をしてみるといいでしょう。

さらに、新聞の購読料をクレジットカードで支払うとポイントがつく分、お得になります。まとめ払いなどによる購読料の割引や特典については、各新聞販売店によって異なります。新聞の契約は自動更新にせず、半年ごと、1年ごとなどの更新にして、更新ごとに購読料の割引や特典を受け取るようにするといいでしょう。

第9章

老後の重い 税負担が軽くなる 節税についての 疑問12

▶ Q113〜124 ◀

回答者

佐藤正明税理士・社会保険労務士事務所所長
税理士 社会保険労務士 CFP 日本福祉大学非常勤講師
佐藤正明（さとうまさあき）

会社員時代には確定申告と無縁の人も各種の所得控除を賢く使えば税金が戻る

ただし 所得税の控除を使える場合には申告したほうがいい
所得税の控除
●生命保険料控除
●損害保険料控除
●社会保険料控除
●医療費控除
●寄付金控除
●住宅ローン控除など
そうした控除を使うと税金が戻るってわけだ
ただし戻るのは納めた所得税の一部じゃ
納めた所得税は日本年金機構から毎年1～2月に届く「公的年金等の源泉徴収票」で確認できる
その源泉徴収票に税額が記載されていれば確定申告をしたほうが得ね
確定申告はどうやるの？
最も確実な方法は税務署に行くことじゃ毎年2～3月半ばにはどこの税務署でも「確定申告の方はこちら」といった案内が出ているのでその窓口で相談するといい
確定申告はこちら
申告書はインターネットでも入手可能じゃ！申告書の作成は国税庁「確定申告作成コーナー」を検索しその画面指示に従って入力すれば自動的にできる
早速準備を始めるか
歯の治療代120万円…！誰のだ？
インプラントにしたの
レシート

Q113 年金暮らし世帯でもできる節税法にはどんなものがありますか？

A 年金に所得税が課されている人は確定申告で税金が戻る。各種控除を利用して節税を！

節税は「税金を少しでも安くしたい人」が自発的に行うもので、原則として確定申告が必要になります。それを面倒だと思ってしまうと、1円も節税はできません。

年金生活者は年金受給時に「公的年金等控除」が適用されており、すでに節税の恩恵を受けています。そのほかにも、次のような制度を活用することができます。

❶医療費控除・セルフメディケーション税制

1年間の医療費が10万円を超えるか、ドラッグストアなどで1年間に特定一般医薬品などを1万2000円以上購入すると、超えた分の所得控除が受けられます（Q121・122参照）。

❷扶養控除

70歳以上の配偶者や親族を扶養していると、一般の扶養控除38万円に加えて「老人扶養控除」が加算されます。控除額は、扶養する配偶者は10万円加算されて48万円、親族（老人扶養親族）は同居ならさらに10万円が加算されて58万円、別居なら48万円です。

また、12月31日時点の年齢が16歳以上の人を扶養していると38万円（ただし、19歳以上23歳未満の特定扶養親族については63万円）の控除が受けられます。

❸その他の控除

国民健康保険や介護保険料などの社会保険料、生命保険料、地震保険料、ふるさと納税、一定の寄付金なども控除の対象となります。なお、生命保険料控除は最大12万円、地震保険料控除は最大5万円です。

❹住宅ローン控除

住宅ローンの年末残高の0・7％が最大13年間にわたって控除されます。❶～❸のような所得控除ではなく、税額から直接差し引く「税額控除」なので、節税効果は高くなります。住宅の種類や床面積、入居時期など、さまざまな要件がありますが、住宅の新築やリフォームなどでローンを組むさいには必ずチェックしましょう。

Q 114

年金にはどんな税金がかかりますか？課税・非課税のラインはありますか？

A **雑所得として所得税・住民税などが課される。年金額が年齢により一定額以下なら無税に！**

公的年金（国民年金・厚生年金）**は、所得税法上は「雑所得」となり、税金がかかります。ただし、受給額の全額に対して税金がかかるわけではありません。**

所得税は、1年間の収入から必要経費を差し引いた利益に課税される税金です。公的年金の場合、この必要経費に当たる**「公的年金等控除額」**を年金受給額から差し引いて、残った額（所得額）に対して、税金が課せられる仕組みになっています。

公的年金等控除額は年齢によって異なり、65歳未満の人は年金の受給額が年額108万円まで、65歳以上の人は受給額が年額158万円まで税金がかかりません。それを超えると、年金支給時に所得税と復興特別所得税が源泉徴収されます。

年金受給者が所得税の配偶者控除、扶養控除などの各種控除を受けるには、**「扶養親族等申告書」**を日本年金機構に提出します。すると、各種控除を差し引いた額に基づいて源泉徴収されるようになります。

年金生活者の所得金額の計算

◉所得金額の計算方法（収入が公的年金等の場合）

年金の所得（雑所得）＝年金収入－公的年金等控除

◉公的年金等控除額

※年金以外の所得が1,000万円以下の場合

年金額Ⓐ	65歳未満	65歳以上
130万円以下	60万円	110万円
330万円以下	（Ⓐ × 25%）＋27.5万円	
410万円以下	（Ⓐ × 25%）＋27.5万円	
770万円以下	（Ⓐ × 15%）＋68.5万円	
1,000万円以下	（Ⓐ × 5%）＋145.5万円	
1,000万円超	195.5万円	

◉計算例１：65歳以上で、年金額が年145万円の場合
年金額145万円－控除額110万円＝35万円（所得額）

◉計算例２：65歳未満で年金額が年50万円の場合
年金額50万円－控除額60万円＝0万円（所得額）
※マイナスの場合、所得額は0円。所得額に対して課税

Q115 年金暮らし世帯でも確定申告は必要ですか？税金はどのくらい戻りますか？

A 扶養親族等申告書が未提出、健康保険料を払ったような場合は払った税金の一部が戻る。

年間の年金額が400万円以下、年金以外の所得金額が20万円以下の人は、確定申告は必要ではありません。ただし、年金額が158万円（65歳未満は108万円）を超えていると所得税（復興特別所得税含む）が源泉徴収されています。**「扶養親族等申告書」を提出していない場合は、確定申告を行うと配偶者（特別）控除、障害者控除、寡婦（かふ）控除、扶養控除などが適用され、源泉徴収額の範囲内で還付金を受け取れることがあります。**

また、家族の健康保険料を支払った場合や、生命保険料控除、地震保険料控除、医療費控除、寄付金控除などに該当する支出がある場合にも、確定申告によって還付金を受け取れることがあります。

Q116 株式などの配当金・分配金があります。確定申告すれば税金が戻るとは本当？

A 配当金や分配金は約20％が源泉徴収されるが、確定申告すれば税金が戻る可能性大。

配当金などに課される税金には、「申告不要制度」「総合課税制度」などがあります。これらの制度のうち、確定申告を行わず、20・315％の源泉徴収のみで完結させる申告不要制度を選択するのが一般的です。

一方、**総合課税制度を選択し、課税所得が1000万円以下の人なら「配当控除」を受けられ、所得税における配当所得の10％、住民税の2・8％が控除されます。**

ザックリいうと、課税総所得金額（各種取得控除を差し引いた後の金額）が695万円以下の場合は総合課税制度を選択し、かつ配当控除の適用を受けることで、税金を低く抑えることができます。つまり、確定申告を行えば納めすぎた税金が還付されることになるのです。

Q117 健康保険料や介護保険料は家族の分も社会保険料控除を受けられますか？

A 社会保険料控除は払った保険料の全額が控除される。家族の分も受けると節税効果大。

「社会保険料控除」の対象となるのは、国民年金保険料、厚生年金保険料、雇用保険料、健康保険料、介護保険料、国民健康保険料（保険税）、後期高齢者医療保険料などで、全額が控除されます。

社会保険料控除を受けるには、年末調整や確定申告を行う必要があります。本人だけでなく、生計を一（いつ）にする配偶者や親族の社会保険料を代わりに支払っている場合には、その保険料も控除の対象となります。

なお、国民年金保険料を払っている人が、確定申告で社会保険料控除を受けるには、10月下旬から11月上旬にかけて郵送で届く「社会保険料（国民年金保険料）控除証明書」が必要になるので、保管しておきましょう。

Q118 子の世帯の被扶養者になることはできますか？条件やメリットはなんですか？

A 条件を満たせば可能。健康保険料が免除されるうえに、子の世帯は扶養控除が受けられる。

扶養される親族のことを、所得税法上では「扶養親族」といい、対象となる範囲は、「6親等以内の血族および3親等以内の姻族（いんぞく）」です。健康保険上では「被扶養者」といい、対象となるのは「3親等以内の親族（血族・姻族）」までです。

さらに、所得税法上の扶養親族は「生計を一（いつ）にする親族で、所得金額が一定以下の者」という条件があり、健康保険法上の被扶養者は「主として被保険者により生計を維持している者」と、条件には微妙な違いがあります（以下、被扶養者と表記）。

いずれにしろ、同居していればほぼ問題ありませんが、別居している場合には生活や介護費用、療養費などを子供が親に仕送りしているという事実が必要です。銀行振込の控えなどを保存しておきましょう。

これらの条件に加えて、税法上は、親の年収が給与収入のみなら103万円以下、年金収入のみなら65歳未満は108万円以下（65歳以上は158万円以下）という条件があります。

税法と社会保険の扶養条件の違い

税法上の扶養家族	
6親等以内の血族および3親等以内の姻族	●被扶養者と扶養者が生計を一にしている ●年間合計所得金額が48万円以下 ●青色申告者の「専業専従者等」として、その年に1度も給与の支払いを受けていない
社会保険上の被扶養者	
3親等以内の親族（血族・姻族）	●被扶養者と扶養者が生計を一にしている ●原則として日本国籍があり日本国内に住民票がある ●年間収入130万円未満（60歳以上は180万円未満）かつ同居なら収入が扶養者の半分未満、別居なら収入が扶養者からの仕送額未満

注意点は、75歳以上になると後期高齢者医療保険制度に加入することになり、健康保険上の被扶養者になれないことです。それまで子供の扶養になっていた親が75歳になった場合には、扶養を外れることになります。

被扶養者になるメリット・デメリット

75歳未満の親が子供の被扶養者になった場合、子供としては扶養控除を受けることで所得税を節税でき、親としては健康保険料を負担しなくても保険給付が受けられるというメリットがあります。

その一方で、子供は、生計を一にしている親を扶養するために金銭的な負担が必要となる、高額療養費（Q73参照）の自己負担上限額が多くなる、といったデメリットもあります。

なお、通院時の自己負担割合や、高額療養費の自己負担上限額は世帯ごとの所得区分で決まります。そのため、子供の被扶養者である親に高額な医療費が発生した場合には、子供の収入を基準とする高額療養費の自己負担上限額が高くなり、医療費の自己負担額が増えてしまう可能性があります。

Q119 生命保険料控除や地震保険料控除には上限がありますか？

A 生命保険料は年12万円、地震保険料は年5万円が上限。超えた分の保険料は控除対象外。

「生命保険料控除」は、生命保険料や介護医療保険料、個人年金保険料を支払っている納税者が受けられる所得控除の1つです。控除額は年間に支払った保険料の額により異なり、また、契約時期によっても異なります。

契約が２０１１年以前のものを旧制度、２０１２年以後のものを新制度といい、両方の制度に加入している場合は、新制度・旧制度・新旧併用のうち、控除額が最も大きくなる組み合わせで控除を受けることができます。自分の保険がどの制度のものであるかは、毎年10月ごろに保険会社から届く「控除証明書」で確認できます。

「地震保険料控除」は支払った地震保険の保険料に応じて一定の金額の所得控除を受けられる制度で、２００６年までに契約した旧長期損害保険料も対象となります。

所得税の控除額は、原則として、支払った保険料が５万円以下なら全額、５万円超なら一律５万円。住民税の控除額は、支払った保険料が５万円以下なら支払った保険料の半額、５万円超なら２・５万円となっています。

生命保険と地震保険の控除限度額

◉生命保険料控除の限度額

	旧制度 (2011.12.31 以前)		新制度 (2012.1.1 以後)	
	所得税	住民税	所得税	住民税
一般生命保険料	5万円	3.5万円	4万円	2.8万円
介護医療保険料	−	−	4万円	2.8万円
個人年金保険料	5万円	3.5万円	4万円	2.8万円
合計	10万円	7万円	12 万円	7万円

◉地震保険料控除の限度額

	所得税	住民税
❶ 地震保険料	5万円	2.5万円
❷ 旧長期損害保険料	1.5 万円	1万円
❶❷両方の保険料がある	5万円	2.5万円
最大控除額	5万円	2.5万円

Q120 振り込め詐欺に遭っても被害者が受ける雑損控除の対象外とは本当ですか？

A 雑損控除は災害や盗難などによる被害が対象で、振り込め詐欺や恐喝による被害は対象外。

「雑損控除」とは、災害または盗難や横領にあったときに受けられる所得控除の1つです。

対象となるのは、住宅や衣類など、通常の生活に必要な資産のみで、棚卸資産や事業用固定資産などは対象外です。また、**盗難や横領などによる被害は対象となりますが、詐欺や恐喝による被害は対象外です。振り込め詐欺などの特殊詐欺の被害も対象にはなりません。**

雑損控除額は「差引損失額－合計所得金額の10％」と「差引損失額のうち災害に関連して支出した金額－5万円」のどちらか多いほうとなります。なお、差引損失額は、損害額と災害などに関連して支出した金額から、損害に対して受け取った保険金を差し引いた金額です。

Q121 医療費控除は誰でも受けられますか？対象となる医療費とはなんですか？

A 治療費や入院費などの医療費が10万円を超えた場合、超過した金額が控除の対象になる。

病気やケガをして病院に治療費を支払ったり、薬局で治療薬を処方してもらったりした場合には、「医療費控除」の対象となります。**医療費控除とは、1月1日から12月31日までの1年間に支払った医療費が、一定の基準額（10万円。または所得が200万円以下の人は総所得金額等の5％）を超えた場合に、確定申告を行うことで、超過分の医療費が課税対象の所得から控除され、税金の一部が還付される制度です。**

納税者本人だけでなく、「生計を一にする親族」の医療費も合算できます。医療費控除額は、実際に支払った医療費から補填金（後述）を差し引き、さらに10万円（所得が200万円以下の人は総所得金額等の5％）を引いて計算します。控除対象の上限額は２００万円です。

補填金とは、生命保険や損害保険の加入者に支払われる入院給付金、医療費が高額になった場合に健康保険などから自己負担額の一部が払い戻される高額療養費、子供が生まれたときにもらえる出産育児一時金などです。

医療費控除の対象となる医療費

◉医療費控除の計算方法

医療費控除額 ＝
窓口で支払った医療費など − 補填される金額 − 10万円※
※10万円→所得が200万円以下の人は総所得金額等の5%で計算

対象となるもの	対象とならないもの（×）
❶医師や歯科医師による診療または**治療の対価**	✕**健康診断の費用** ✕医師への**謝礼金** ✕**予防接種の費用**
❷治療または療養に必要な医薬品の購入費用	✕病気の予防や健康増進のために購入した**健康補助食品やサプリメント**
❸病院・診療所などに収容するさいにかかった**人件費**	
❹あん摩・マッサージ指圧師・はり師・きゅう師・柔道整復師による**施術費用**	✕疲労回復など**治療と直接関係ない施術**
❺保健師・看護師・准看護師などに支払った**療養上の世話代**	✕所定料金以外の**心付け**など ✕**家族や親類縁者に対する支払い**
❻助産師による分べんの介助代	
❼介護福祉士等による一定の喀痰吸引・経管栄養の代金	✕自家用車で通院する場合の**ガソリン代** ✕**駐車場料金**など
❽介護保険制度の下で提供された一定の居宅サービスなどの自己負担額	
❾通院費、入院の際の**部屋代**や**食事代**、医療用器具などの購入・賃借料	
❿診療・治療に必要な**義手・義足・義歯・松葉杖・補聴器・眼鏡**などの購入代	
⓫医師の治療を受けている人が6ヵ月以上寝たきりである場合の**おむつ代**（主治医による「おむつ使用証明書」の発行が必要）	

入院費用に含まれる食事代は医療費控除の対象ですが、出前や外食は対象外です。入院時に購入した日用品や入院時の差額ベッド代、室料差額も対象になりません。また、歯列矯正（きょうせい）は、子供の成長に必要と認められる場合は対象ですが、歯列の美化を目的とした場合は対象外です（上の表参照）。

なお、クレジットカードで医療費を支払った場合には、通帳から引き落とされた日ではなく、カードを使用した日の年度で計上します。支払いごとに領収書を受け取り、保存しておきましょう。

領収書を入手しにくいバスや電車などの公共交通機関による通院費は、日付・金額・目的・人数をメモしておくと、それが領収書の代わりになります。

Q122 市販薬でも節税できるセルフメディケーション税制についてくわしく教えてください。

A 年1万2000円を超えた支出が控除対象。ドラッグストアを多用する人におすすめ。

医療費に関連する控除には、Q121で解説した「医療費控除」と、この特例である「セルフメディケーション税制」の2つがあります。2つを併用することはできず、どちらか1つを選ぶことになります。

セルフメディケーション税制は、医療費控除の特例として設けられており、「スイッチOTC医薬品」の購入費用が1年間に1万2000円を超えた場合、超過額分の所得控除が受けられる制度です。控除額の上限は8万8000円で、この上限額まで所得税や住民税の負担を軽くすることができます。

スイッチOTC医薬品とは、要指導医薬品や一般用医薬品（第1類医薬品、第2類医薬品、第3類医薬品）の中で比較的副作用が少なく安全性が高いと認められた薬品です。パッケージにマーク（Q9参照）がついているので識別は簡単です。レシートを見てもわかります。

家族の購入費も合算して申告できる

セルフメディケーション税制の適用を受けるには、次の条件を満たす必要があります。

❶1年間のスイッチOTC医薬品の購入金額が1万2000円以上

納税者本人だけでなく、「生計を一にする親族」のために使った医薬品の購入金額も合算できます。

❷医療費控除の適用を受けていない

❸健康の維持増進や疾病の予防に取り組んでいる

健康診断、予防接種、がん健診などのうち、どれか1つでも受けていれば対象になります。健康診断などの結果通知書や証明書は捨てずに保管しておきましょう。

定期的に通院し、年間10万円以上の医療費がかかっている場合には医療費控除を、ドラッグストアで医薬品を購入する機会が多い場合にはセルフメディケーション税制を活用するといいでしょう。

Q123 住宅ローン控除は増改築のリフォームによる借入金にも適用されますか？

A 条件を満たせば適用される。ただし、控除額は大きくても、借金が条件であることに注意。

「住宅ローン控除（住宅借入金等特別控除）」は、個人が住宅ローンを利用してマイホームの新築や取得、増改築などを行った場合、年末時点の住宅ローン残高の０・７％を最長13年間（中古やリフォームは10年間）、所得税から控除する制度です。

住宅ローン控除は、所得控除ではなく、税額そのものから差し引く「税額控除」です。所得税から控除し切れない場合は住民税からも控除できるので、節税効果はとても大きくなります。利用には、住宅ローンの返済期間が10年以上ある、控除を受ける本人が居住する住宅であるなど、一定の要件を満たす必要があります。なお、最大控除額は住宅性能や居住開始年によって変わります。

リフォームや増改築の場合にも、住宅ローン控除は適用されます。この場合、改修工事費用から補助金などの額を控除した後の金額が対象になります。工事の要件を満たせば、年末ローン残高の０・７％の所得税が10年間控除されます。借入限度額は２０００万円、控除額の上限は年間14万円で、次の要件を満たす必要があります。

❶リフォーム工事後の床面積が50平方㍍以上
❷住宅ローンの返済期間が10年以上
❸その年の合計所得金額が２０００万円以下
❹確定申告を行う

住宅にはメンテナンスが欠かせず、多額の費用がかかります。高齢になるにつれ、バリアフリー化の必要性も出てきます。住居費は収入の３割以下、年金世代なら２割以下に抑えるのが理想といわれているので、住宅ローンを組む場合には、適切な額の借り入れを心がけましょう。

なお、住宅ローン控除は改正・延長が繰り返されています。利用するさいは、控除の対象や要件を必ず確認してください。

Q124 バリアフリーや省エネなど小規模工事にも適用される税額控除はありますか？

A ローンで小規模の住宅改修工事を行ったら、住宅特定改修特別税額控除の対象になる。

住宅ローンを組んでリフォームを行うと「住宅ローン控除」（Q123参照）を受けられますが、**小規模の住宅改修工事には「住宅特定改修特別税額控除」が用意されています。**対象となる工事は、耐震、バリアフリー、省エネ、3世代同居、長期優良住宅化、子育て対応などで、それぞれの限度額の範囲内で標準的な費用相当額の10％を所得税から控除できます（下の表参照）。**省エネ工事の場合、太陽光発電装置を設置すると、限度額は100万円上乗せされ、350万円になります。**

また、必須工事の限度額を超える分やその他リフォームについても、必須工事にかかわる標準的なリフォーム費用と同額までの5％が控除されます（必須工事とその他リフォームの合計額1000万円が上限）。

さらに、リフォーム工事の完了から3ヵ月以内に市区町村に申告すると、翌年度の固定資産税が減額される制度もあります（耐震改修は2分の1、バリアフリー・省エネ改修は3分の1に減額）。

住宅特定改修特別税額控除

◆必須工事				
対象工事（いずれか実施）		限度額	控除率	最大控除額
耐震		250万円	10%	25万円
バリアフリー		200万円		20万円
省エネ		250万円 (350万円)		25万円 (35万円)
3世代同居		250万円		25万円
長期優良住宅化	耐震＋省エネ＋耐久性	500万円 (600万円)		50万円 (60万円)
	耐震または省エネ＋耐久性	250万円 (350万円)		25万円 (35万円)
子育て対応		250万円		25万円
◆その他の工事				
必須工事の限度額超過分＋その他リフォーム		標準的な費用相当額	5%	1,000万円が上限

※（　）は太陽光発電装置を設置した場合

第10章

暮らしが楽になる 働き方・税金・資産運用についての疑問10

▶Q125〜134◀

回答者

佐藤正明税理士・社会保険労務士事務所所長
税理士 社会保険労務士 CFP 日本福祉大学非常勤講師
佐藤正明（さとうまさあき）

65歳以降も会社で働くと年金は増え、妻も年収の壁以内なら暮らしはもっとずっと楽になる！

在職老齢年金の支給停止額（2023年８月～）

年金月額※１ ＋ 給料月額※２＝48万円以下 ➡ 支給停止されない（全額支給）
年金月額※１ ＋ 給料月額※２＝48万円超 ➡ 超えた額の½が支給停止

※１：年金月額＝加給年金を除く１年間の年金額÷12
※２：給料月額＝（標準報酬月額×12＋１年間の標準賞与額）÷12

それって
繰下げ受給の
ことね
70歳から
受給すると
年金は
42％増える！
最長の75歳
受給開始なら
84％アップ
じゃ
70歳
年金
42％増
75歳
84％増
年金
しかも
厚生年金には
70歳になるまで
加入できるので
その間
年金自体が
どんどん増える
よし！
じゃあ
仕事は
続けて
年金は
先送りだ
私もパートで
働こうかな
ただし 妻は
年収の壁に
注意が
必要じゃ
カベ？
どんな壁が
あるの？
103万円と
106万円または
130万円と
150万円の壁がある！
これらの壁を年収が
上回ると社会保険料や
税金がかかってくるので
要注意じゃ
150
106
(130)
103
とはいえ
仕事を持てば
健康維持に役立つ！
収入も増えて
旅行やレジャーも
楽しめる！
いいこと
ずくめじゃ
お小遣いも
じゃ

Q125 65歳以降も会社で働くと年金が減額されてしまいます。働きつづけるべきですか？

A 働けるうちは働くのがベスト。仕事をセーブして年金が減額されない年収で働くのも一手。

働きながら年金（老齢厚生年金）を受給し、総報酬月額（ボーナスを含む平均月給）との合計が月額48万円を超えると、年金の一部または全額が支給停止になります。これを**「在職老齢年金」**といい、高齢者の労働意欲を減退させるとして批判されてきました。

しかし、**65歳以降も働いて厚生年金に加入しつづけると、将来受け取る年金額を増やすことができます。健康で働く意欲があるなら、長く働くことがベストです。**

65歳以降も働く人は、2022年4月からの**「在職定時改定」**の導入により、65歳以降に支払った厚生年金の保険料分が毎年10月に増額されます（70歳まで）。それ以前は退職時に再計算して年金額を決めていましたが、在職中から増額した年金を受け取れるようになったのです。例えば、65歳以降、毎月の給与が20万円の人が厚生年金に加入して1年間就労すると、年金額は年間1万3000円程度増えると試算されています。

なお、2024年10月からは従業員数が51人以上（同年9月までは101人以上）の企業で働くパートタイマーも厚生年金に加入できるようになるので、将来の年金額を増額できる人が増えることになります。

働き方を変えてみるのも1つの方法

在職老齢年金による年金の減額をさけたいのなら、年金と給与の合計が48万円を超えない範囲で働くことです。勤務日数や勤務時間を調整してみるのも1つの方法でしょう。

仕事の内容によっては会社から業務委託を受けたり、起業したり、個人事業主やフリーランスとして働くことも選択肢になります。

48万円超なら年金が減額
または支給停止に！

Q126 妻の所得は、年収の壁の第1関門「103万円」以内に抑えるべきですか？

A 103万円を超えると配偶者控除を受けられなくなるが、超過分は増収となる利点もある。

年間所得が一定額を超えると税金や社会保険料の負担が発生するため、多くの人が就業調整を行っています。この一定額が「年収の壁」と呼ばれるものです。

その第1関門が「年収103万円（基礎控除48万円＋給与所得控除55万円）」の壁。**これを超えると所得税がかかり、配偶者控除や扶養控除の対象外となり、夫の勤務先の家族手当などが受け取れなくなる場合もあります。**

配偶者控除は、納税者に配偶者がいる場合に受けられる所得控除の1つです。配偶者の年間給与収入が103万円以下なら配偶者控除、103万円超201.5万円以下なら配偶者特別控除（所得金額に応じて段階的に減額）が適用されます。配偶者控除額は38万円（配偶者がその年の12月31日時点で70歳以上なら48万円）です。

配偶者控除を受けるには、次の4つの要件を満たすことが必要になります。

さまざまな「年収の壁」がある

年収	本人または夫・世帯への影響
100万円	・これを超えると住民税がかかる（自治体によって93万円～）
103万円	・所得税がかかる ・配偶者控除を受けられる上限 ・夫の勤務先によっては配偶者手当や家族手当などの支給基準に設定
106万円※	・勤務先によっては夫の扶養から外れて社会保険の加入が必要（従業員 101 人以上の事業所。2024 年 10 月以降は 51 人以上）
130万円	・夫の扶養から外れて社会保険に加入
150万円	・配偶者特別控除を満額受けられる上限（この額を超えると控除額は減少する）
201万円※	・配偶者特別控除を受けられる上限

※概算額

❶納税者本人と生計を一にしている
❷その年の12月31日時点で婚姻関係がある
❸配偶者の年間合計所得が48万円（給与収入のみの場合は103万円）以下である
❹納税者本人の年間合計所得が1000万円以下である

配偶者の年間給与収入が103万円を超えても、150万円までは38万円の配偶者特別控除を受けられ、それを超えると控除額が段階的に減っていきます。103万円の壁で直面するのは、所得税がかかることに加え、93万〜100万円（地域によって異なる）から課税される住民税が増えることです。例えば、給与収入が120万円の場合、8678円（所得税8500円＋復興特別所得税178円）の所得税に加え、住民税（均等割と所得割の合計）として2万4500円が課税されます。

とはいえ、**確かに税負担は増えるものの、厚生年金に加入して働ける環境なら、将来の年金額を増やすことができます。年収の壁にこだわらずに働くことを検討してみるのもいいでしょう。**

Q127 第2関門「106万円」「130万円」以内なら社会保険料免除となり有利ですか？

A 年収の壁を越えないと被扶養にとどまれるが、多少超えても被扶養にとどまることに。

従業員101人（2024年10月以降は51人）以上の事業所で働くパートやアルバイトの人は、**「年収106万円以上」**になると扶養者から外れます。従業員101人未満の事業所でも、**「年収130万円以上」**で、国民年金や国民健康保険への加入義務が生じます。

こうした**106万円の壁、130万円の壁に対して、国は2023年10月に、壁を意識せずに働けるよう「支援強化パッケージ」を打ち出しました。**

106万円の壁に対しては、保険料相当の手当支給や賃上げなどを行って手取りを減らさない取り組みをする企業には、労働者1人当たり最大50万円を支援します。また、130万円の壁に対しては、繁忙期の残業などでこの壁を越えたとしても、事業主の証明により引き続き被扶養者としての認定が可能となりました。

Q128

第3関門「150万円」を超えると夫の税金はどれくらい増えてしまいますか？

A **年収の壁を超えると配偶者特別控除から外れる。その分、夫の税金が増えることになる。**

パート・アルバイトの年収が103万円を超えると配偶者控除を受けられなくなりますが、**「年収150万円」**までは同額の配偶者特別控除を受けられます。しかし、150万円を超えると配偶者特別控除が段階的に減額され、年収201・5万円を超えるとゼロになります。

このため、**納税者である夫の所得控除（配偶者特別控除）が減る分、夫の所得税は増加し、さらに住民税も増えてしまいます。同時に、妻の厚生年金保険料なども増えることになります。**

厚生年金保険料の増額で将来もらう年金の増額を選ぶか、働く時間を減らして現時点での手取りを選ぶか、家庭の事情を考慮して働き方を考える必要があります。

Q129

手術や入院で受け取った医療保険金は課税されますか？確定申告は必要？

A **非課税なので納税も確定申告も不要。ただし、医療費控除では保険金を差し引いて計算を！**

生命保険や医療保険で受け取った保険金は、課税される場合と課税されない場合があります。**生命保険の死亡保険金や満期保険金、健康お祝い金などは原則として課税対象ですが、医療保険やがん保険などの「医療保険金（給付金）」については受け取っても課税されません。**

ただし、入院などで医療費がかさむこともあるでしょう。そのときは確定申告を行うと医療費控除を受けられますが、この医療費控除は受け取った医療保険金を差し引いて計算します。

例えば、年間の医療費が20万円、医療保険からの給付金が5万円だった場合、計算式は「20万円－5万円－10万円※」で、医療費控除額は5万円となります。

※10万円または「総所得金額等×5％」のいずれか少ないほうの金額

Q130 生命保険金は課税されますか？課税されない加入方法はありますか？

A 誰が保険料を払ったかで課税される税金が違う。受取人によっては非課税になることも。

生命保険金は、保険の種類や課税関係によって、課税方法が異なります（下の表参照）。

❶死亡保険金

契約者（保険料負担者）と被保険者が同一人で、受取人が法定相続人の場合は、相続税がかかります。ただし、1人当たり500万円の非課税枠が設けられており、これ以下の保険金なら課税されません。受取人が法定相続人以外の場合も同様に相続税が課されますが、この場合には非課税枠の適用はありません。

例えば、子供が父を被保険者とした生命保険を契約して保険料を支払い、保険金を受け取った場合は、所得税と住民税がかかります。また、妻が夫を被保険者、子供を受取人として生命保険を契約して保険料を支払った場合には、贈与税がかかります。

❷満期保険金

契約者と受取人が同一人の場合は所得税と住民税がかかり、別人の場合には贈与税がかかります。

❸年金保険

契約者と被保険者・受取人が同一人なら所得税と住民税がかかり、別人なら贈与税がかかります。

保険金の課税関係の例

	契約者*	被保険者	受取人	課税方法
死亡保険金	夫	夫	妻	相続税
	夫(父)	夫(父)	子	相続税
	妻(母)	夫(父)	子	贈与税
	子	夫(父)	子	所得税・住民税
満期保険金	夫	問わない	夫	所得税・住民税
	夫	問わない	夫以外	贈与税
年金保険	夫	夫	夫	所得税・住民税
	夫	妻	妻	贈与税

＊保険料負担者
※所得税には復興特別所得税を含む

Q131 個人事業者などの小規模企業共済等掛金控除はどんな掛金が対象ですか？

A 主に小規模企業共済の掛金が対象。iDeCoや企業型年金などの掛金も対象になる。

「小規模企業共済等掛金控除」の対象となる掛金は、次の3つです。その年に支払った全額を所得控除できるため、節税効果は大きいといえるでしょう。

❶小規模企業共済法の規定によって独立行政法人中小企業基盤整備機構と結んだ共済契約の掛金

ただし、旧第二種共済契約の掛金は生命保険料控除の対象となります。

❷確定拠出年金法に規定する企業型年金加入者の掛金または個人型年金（iDeCo（イデコ））加入者の掛金

❸地方公共団体による心身障害者扶養共済制度の掛金

控除を受けるには原則として確定申告が必要ですが、会社員の場合は年末調整ですませることもできます。

Q132 ふるさと納税は少額でもやったほうがいいですか？

A 所得税と住民税を節税できる。実質的な負担2000円以上の返礼品をもらえば得！

「ふるさと納税」は、任意の自治体に寄付することで、返礼品を受け取ることができ、寄付金額の2000円を超える部分は所得税の還付や住民税の控除が受けられる寄付金控除の一種です。控除額には上限があるので、ふるさと納税のサービスを提供しているインターネットサイトで、「自分はいくらまでふるさと納税ができるか」を把握しておくといいでしょう。

本来は確定申告が必要ですが、確定申告を行わなくても寄付金控除が受けられる「ワンストップ特例制度」もあります。 適用されるのは、ふるさと納税以外に確定申告または住民税の申告を行う必要がない給与所得者などで、年間の寄付先が5自治体以内の人です。

Q 133

無期限で非課税になる新NISAは年金暮らし世帯の投資に適していますか？

A 非課税とはいえリスクあり。多額の余裕資金があるならリスク覚悟で投資するのも一手。

「NISA（ニーサ）（少額非課税投資制度）」は、株式や投資信託などに投資した場合、その売却益や配当にかかる20・315％（申告分離課税の場合）の税金が免除される制度です。**2024年から「新NISA」がスタートし、旧制度の「つみたてNISA」は「つみたて投資枠」に、「一般NISA」は「生長枠投資」に名称が変更され、両者の同時利用が可能になりました。**

また、それまで期限のあった非課税枠保有期間が無期限になり、年間投資枠や非課税保有限度額が拡大されました。非課税枠（つみたて投資枠120万円、成長投資枠240万円）を使い切れない場合、翌年への繰越しはできませんが、売却した翌年には、非課税保有限度額（最大で1800万円）の範囲内で非課税枠が復活します。

新NISAのデメリットは、通常の投資で認められている「損益通算（利益と損失を相殺）」や「損失繰越し（3

新ＮＩＳＡとは（2024年1月スタート）

	つみたて投資枠（旧つみたてNISA）	併用可※1	成長枠投資（旧一般NISA）
非課税枠保有期間※2	無期限		無期限
年間投資枠※2	120万円		240万円
非課税保有限度額（総枠）※2	1,800万円 ※簿価残高方式で管理（売却して空いた枠は再利用できる）		成長投資枠＝1,200万
投資対象	長期・分散・積立投資に適した一定の投資信託（旧つみたてNISAと同じ）		上場株式・投資信託など（一定の除外商品あり）
投資方法	積立		一括・積立
対象年齢	18歳以上		18歳以上

※1:「旧ＮＩＳＡ」はどちらかを選択
※2:「旧つみたてNISA」は非課税枠20年間、年間投資枠40万円、非課税保有限度額800万円。「旧一般NISA」は非課税枠５年間、年間投資枠120万円、非課税保有限度額600万円

年間の損失繰越し）」ができないことです。また、このNISA口座では、現金や有価証券を担保として、証券会社から投資用の資金や株式を借りて行う「信用取引」ができず、その担保（代用有価証券）にもなりません。

初心者は「つみたて投資枠」から始める

同じように資産づくりの手段とされている「iDeCo」は65歳になるまでしか利用できませんが、新NISAの場合は18歳以上なら誰でも利用できます。長い老後生活におけるインフレリスクへの備えになり、非課税運用を続けながら必要なときに引き出すことで、老後資産を長持ちさせる効果も期待できるでしょう。

新NISAにも元本割れリスクはありますが、その投資対象は、投資信託の中でも「長期・つみたて・分散投資」に適していると国が認めたものに限られています。

若年層に比べて金融資産を多く保有する年金世代は、新NISAの勧誘を受けることも多いと思います。**もし始めるなら、必ず余裕資金を充てることが重要です。投資経験がなければ、少額からできる、つみたて投資枠から始めてみましょう。**

Q134 株式はNISAで非課税になりますが、損失が出たら確定申告すべきとは本当？

A NISA以外の株式なら確定申告で損失分を補えるが、NISAなら別の対応が必要に！

新NISAで投資した**「株式」**による利益は非課税となるため、確定申告は不要であり、逆に、損失が出ても確定申告で補塡することはできません。**もし損失が生じたら、「損切りする」「持ちつづける」「買い増しする」のいずれかを、状況に応じて判断してください。値下がりしている原因を分析・理解し、自分に合った投資の方針を再度考えることが大切です。**

それに対して、NISA以外の一般的な上場株式の売買で損失が生じた場合には、同じ年に生じた利益と損失を相殺する「損益通算」や、最大3年間損失を繰り越せる「繰越控除」という特例があります。この特例は確定申告を行うことで適用され、節税につながります。

解説者紹介　掲載順・敬称略

佐藤正明税理士・
社会保険労務士事務所所長
税理士　社会保険労務士　ＣＦＰ
日本福祉大学非常勤講師

佐藤正明（さとうまさあき）

佐藤正明税理士・社会保険労務士事務所所長（税理士・社会保険労務士）、ＣＦＰ（１級ファイナンシャル・プランニング技能士）、日本福祉大学非常勤講師。小規模事業者の事業育成・新規開業のサポートをはじめ、税務、会計、社会保険、相続・事業承継、年金相談など多角的な視点でのアドバイスを行っている。新聞や雑誌の記事執筆や解説、テレビ番組で年金・社会保険・税金のコメンテーターとしても活躍中。著書は『2000万円不足時代の年金を増やす術 50』（ダイヤモンド社）、『大切な人が亡くなった後の手続き　完全ガイド』（高橋書店）、『自分と家族の生前の整理と手続きＱ＆Ａ大全』（共著・文響社）『年金暮らしでも生活が楽になるＱ＆Ａ大全』（共著・文響社）など多数。

山本宏税理士事務所所長
税理士　ＣＦＰ

山本 宏（やまもと ひろし）

山本宏税理士事務所所長（税理士）、ＣＦＰ（１級ファイナンシャル・プランニング技能士）。中小企業オーナー、個人資産家に対する事業承継および相続対策を得意業務とするほか、ＣＦＰとして専門の金融知識を生かした資産運用相談・不動産有効活用・財産管理などの業務も幅広く行っている。特に、常にカスタマー目線で行う税務サービスなどの提供に定評がある。著書に『マンガでわかる！もめない相続・かしこい贈与』（わかさ出版）、『身近な人の死後の手続きＱ＆Ａ大全』（共著・文響社）『夫と妻の定年前後のお金と手続きＱ＆Ａ大全』（共著・文響社）『葬式・お墓のお金と手続きＱ＆Ａ大全』（共著・文響社）などがあり、テレビ・新聞・雑誌のコメントや執筆でも活躍中。

山本文枝税理士事務所所長
税理士　ＡＦＰ

山本文枝（やまもとふみえ）

　山本文枝税理士事務所所長（税理士）、ＡＦＰ（アフィリエイテッド・ファイナンシャルプランナー）。法人・個人の顧問業務、相続業務等すべての分野で顧客第一主義に基づき、真摯に相談に応じ顧客のニーズに応えることをモットーとしている。多くの相続業務の経験を生かした生前対策の提案や、ＡＦＰとして培ってきた専門的な金融知識を生かし、顧客の資産運用相談などを積極的に行うことで定評がある。また、地域の小中学校で租税教育活動などの社会貢献活動にも長期的に携わり、専門雑誌の監修協力も精力的に行っている。著書に『身近な人の死後の手続きＱ＆Ａ大全』（共著・文響社）『葬式・お墓のお金と手続きＱ＆Ａ大全』（共著・文響社）などがある。

株式会社オーブレイン代表取締役
ＣＦＰ　１級ＤＣプランナー　ＣＤＡ

岡田佳久（おかだよしひさ）

　株式会社オーブレイン代表取締役、ＣＦＰ（1級ファイナンシャル・プランニング技能士）、1級DCプランナー（企業年金総合プランナー）、CDA（キャリアコンサルタント）。個人のお金に関する専門家として、講演・個別相談・執筆業務を中心に約20年間注力している。家計の見直し、節約、セカンドライフ、住宅取得、生命保険、資産運用など幅広い分野を得意としており、受講者や相談者の立場に立ったわかりやすい話し方・アドバイスが好評。CDA資格を生かした活動も精力的に行う。定期的なWEB上のコラム執筆に加え、著書は『女性のための後悔しない生命保険選び最新ガイド』（わかさ出版）、『年金が増やせる７つの裏ワザ』（共著・わかさ出版）など多数。

年金暮らしでも
月３万円らくに浮く！
節約・節税
マネー相談のプロが教える
最高の家計プランＱ＆Ａ大全

2024年４月９日　第１刷発行
2024年５月23日　第２刷発行

編 集 人　小俣孝一
シリーズ企画　飯塚晃敏
編　　集　わかさ出版
編集協力　菅井之生
香川みゆき
山岸由美子
中平都紀子
装　　丁　下村成子
Ｄ Ｔ Ｐ　菅井編集事務所
イラスト　前田達彦
発 行 人　山本周嗣
発 行 所　株式会社文響社
〒105-0001　東京都港区虎ノ門２丁目２－５
共同通信会館９階
ホームページ　https://bunkyosha.com
お問い合わせ　info@bunkyosha.com
印刷・製本　中央精版印刷株式会社

ISBN 978-4-86651-761-2

「節約・節税」に関する諸手続きは、手続き先の事業所や自治体によって異なる場合があります。事前に事業所や役所などの窓口で詳細を確認したうえで、手続きをお進めください。本書の内容は発売日時点の情報に基づいています。法律、税金、年金などの個別のご相談には応じられません。マンガや事例の記載内容は実在する人物、住所などとは関係ありません。